Byd Môr-Ladron

Philip Steele

Addasiad Elin Meek

Gomer

Cyhoeddwyd gyntaf ym Mhrydain yn 2005 gan
Kingfisher Publications Plc., New Pendrel House,
283-288 High Holborn, Llundain WC1V 7H2.
www.kingfisherpub.com

Cyhoeddwyd gyda chymorth
Cynulliad Cenedlaethol Cymru

ISBN 1 84323 629 X

ISBN-13 1843236290

Cyhoeddwyd gyntaf yn 2006
gan Wasg Gomer, Llandysul,
Ceredigion, SA44 4JL
ar gyfer ACCAC.
Ail argraffwyd yn 2007

www.gomer.co.uk

CYNNWYS

MÔR-LADRON A PHREIFATIRIAID   4

Cliwiau i'r gorffennol   6

ARSWYD YN EWROP   8

Llid y Llychlynwyr   10

Stormydd yr Iwerydd   12

BYD NEWYDD   14

Brodyr yr arfordir   16

Port Royal, Jamaica   18

Moroedd Gogledd America   20

ARFORDIR AFFRICA   22

Corsairs Barbari   24

Teyrnasoedd y môr-ladron   26

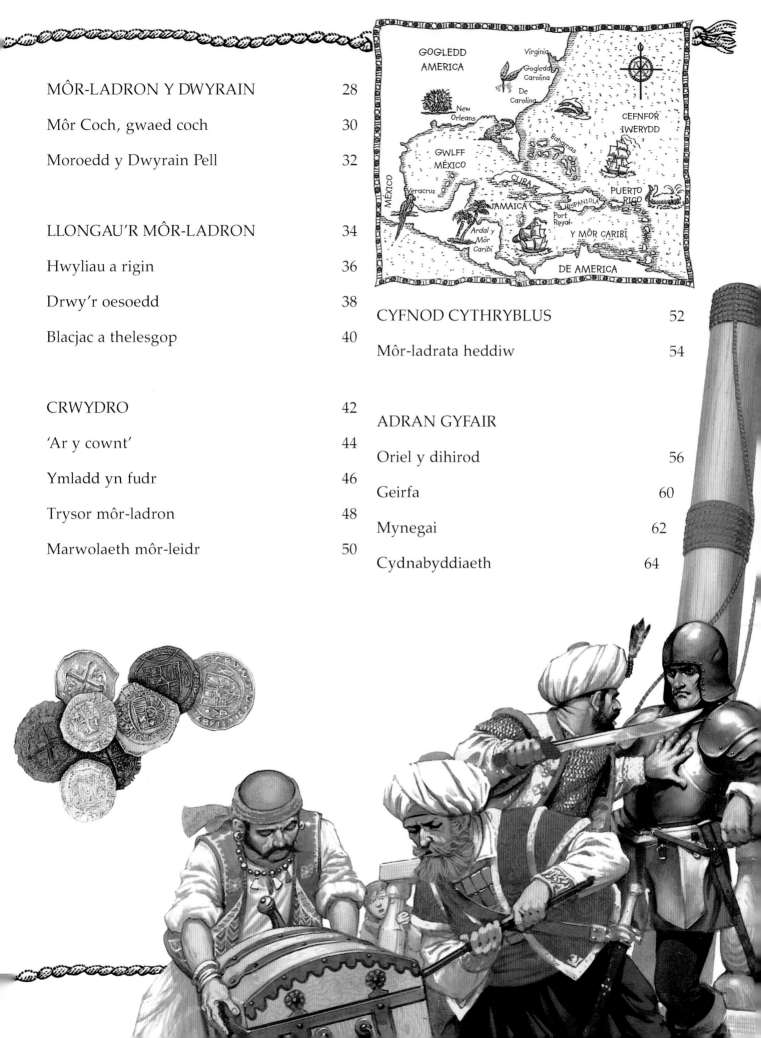

MÔR-LADRON Y DWYRAIN — 28

Môr Coch, gwaed coch — 30

Moroedd y Dwyrain Pell — 32

LLONGAU'R MÔR-LADRON — 34

Hwyliau a rigin — 36

Drwy'r oesoedd — 38

Blacjac a thelesgop — 40

CRWYDRO — 42

'Ar y cownt' — 44

Ymladd yn fudr — 46

Trysor môr-ladron — 48

Marwolaeth môr-leidr — 50

CYFNOD CYTHRYBLUS — 52

Môr-ladrata heddiw — 54

ADRAN GYFAIR

Oriel y dihirod — 56

Geirfa — 60

Mynegai — 62

Cydnabyddiaeth — 64

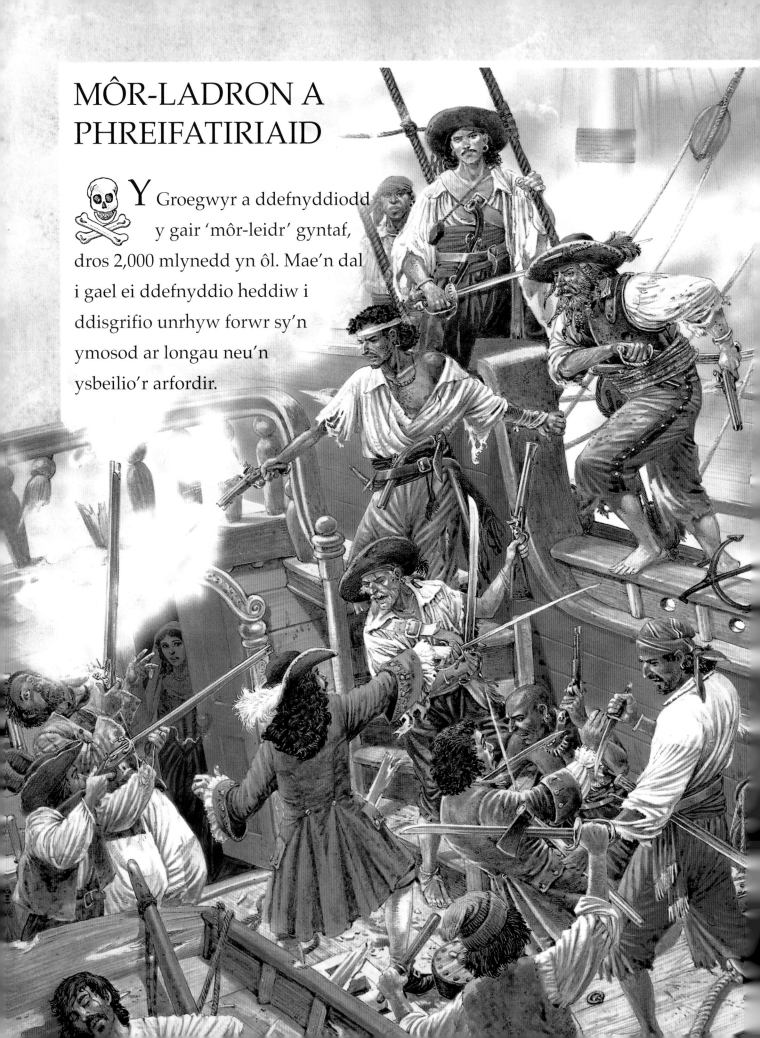

MÔR-LADRON A PHREIFATIRIAID

Y Groegwyr a ddefnyddiodd y gair 'môr-leidr' gyntaf, dros 2,000 mlynedd yn ôl. Mae'n dal i gael ei ddefnyddio heddiw i ddisgrifio unrhyw forwr sy'n ymosod ar longau neu'n ysbeilio'r arfordir.

◀ Bycaniriaid yn heidio dros long fasnach. Roedd y môr-ladron hyn yn codi arswyd ar forwyr y Môr Caribî rhwng 1630 a 1697. Llofruddion creulon a barus oedd nifer ohonynt. Ond roedd eraill yn ddynion oedd yn ceisio osgoi bywyd diflas fel morwyr neu weithwyr tlawd ar blanhigfeydd. Roedd môr-ladron y Caribî 300 mlynedd yn ôl yn cynnwys caethweision o Affrica a oedd wedi dianc a herwyr o Ewrop a gwledydd America.

▲ Mae'r hen siart yma'n dangos ymosodiad Francis Drake ar Cartagena, Colombia, yn 1586. Bedwar can mlynedd yn ôl, roedd Cartagena'n borthladd i longau trysor Sbaen.

Yn 1581 roedd y Frenhines Elizabeth I wedi urddo Francis Drake yn farchog. Roedd Drake yn arwr i'r Saeson. Ond môr-leidr cyffredin oedd e i'r Sbaenwyr.

Mae llawer o eiriau eraill wedi cael eu defnyddio i ddisgrifio môr-ladron. Môr-helwyr, bycaniriaid, ysbeilwyr, preifatiriaid . . . môr-ladron o ryw fath oedden nhw i gyd. Weithiau roedd llywodraethau'n rhoi trwydded i berchnogion llongau preifat i ymosod ar longau masnach gwlad arall adeg rhyfel. 'Preifatiriaid' oedd yr enw ar y môr-ladron cyfreithlon yma. Roedden nhw'n rhannu'r elw â'r llywodraeth. Roedd llawer o longwyr parchus fel Francis Drake yn troi'n fôr-ladron o bryd i'w gilydd. Ac roedd sawl llywodraeth yn cefnogi teithiau môr-ladron yn dawel bach. Ond roedd rhaid i'r môr-ladron rannu'r ysbail â nhw!

Cliwiau i'r gorffennol

Sut mae dod o hyd i'r gwirionedd am fôr-ladron? Celwydd golau yw llawer o'r straeon am gapteiniaid môr-ladron a thrysor wedi'i guddio. Sut allwn ni brofi ble a phryd cafodd llong ei suddo? Ar y tir, gall archeolegwyr balu olion o'r gorffennol a darganfod pa mor hen ydyn nhw. Mae archaeoleg y môr yn fwy anodd. Gall llongau fod wedi'u claddu neu'u gwasgaru ar wely'r môr. Weithiau bydd yn rhaid i ddeifwyr weithio mewn amgylchiadau anodd mewn dŵr dwfn.

▼ Sut mae deifwyr yn gwybod pa long maen nhw wedi dod o hyd iddi? Roedd cloch ar y llong hon a'r geiriau THE WHYDAH GALLY 1716.

Archaeoleg forol

Roedd y llong Saesneg *Whydah* yn masnachu caethweision, siwgr, lliw staen indigo ac ifori. Ym mis Chwefror 1717, cafodd y llong ei dal gan y môr-leidr Sam Bellamy. Aeth i lawr yn ystod storm oddi ar Cape Cod, Gogledd America, ym mis Ebrill 1717. Suddodd y *Whydah* mewn dŵr bas, ond roedd hi o dan dywod dwfn am 266 o flynyddoedd.

Dogfennau môr-ladron

Gadawodd rhai o fycaniriaid y 1600au a'r 1700au, fel Basil Ringrose a William Dampier, lyfrau log, siartiau a straeon am eu teithiau. Yr enwocaf oedd *Bucaniers of America* gan y bycanîr Alexandre Exquemelin o Ffrainc, a gyhoeddwyd gyntaf yn Amsterdam yn 1678.

BUCANIERS
OF
AMERICA:
Or, a True
ACCOUNT
OF THE
Moſt Remarkable Aſſaults
Committed of late Years upon the Coaſts of
The West-Indies,

By the BUCANIERS of *Jamaica* and *Tortuga*,
Both *ENGLISH* and *FRENCH*.
Wherein are contained more eſpecially,
The unparallel'd Exploits of Sir Henry Morgan, our Engliſh
Jamaican Hero, who ſack'd *Puerto Velo*, burnt *Panama*, &c.

Written originally in Dutch, by *John Eſquemeling*, one of the *Bucaniers*,
who was preſent at thoſe Tragedies, and Tranſlated into *Spaniſh* by
Alonſo de Bonne-maiſon, M.D. &c.

The Second EDITION, Corrected, and Inlarged with two
Additional Relations, viz. the one of Captain Cook, and the other of
Captain Sharp.
Now faithfully rendred into Engliſh.

LONDON: Printed for *William Crooke*, at the Green Dra-
gon without Temple-bar. 1684.

◄ **Barry Clifford, deifiwr o America a ddaeth o hyd i'r *Whydah* yn 1983. Yn lle'r cargo cyffredin, roedd trysor preifat Sam Bellamy arni. Darnau aur ac arian, barrau aur, darnau o gleddyfau, mysgedau, magnelau a grenadau, a bag ac esgid ledr.**

Ffordd arall o ddod i wybod am y gorffennol yw darllen hen arysgrifau, cerrig beddi a llyfrau. Ond allwn ni ddim credu popeth rydyn ni'n ei ddarllen. Roedd rhai awduron yn gorliwio'r ffeithiau, neu'n esgus mai môr-ladron oedd eu gelynion. Mae cyfeiriadau eraill at fôr-ladron mewn hen lyfrau cyfraith ac adroddiadau am achosion llys a dienyddio. Yn y 1600au a dechrau'r 1700au, trefedigaethau oedd tiroedd Gogledd America a'r Caribî. Gwledydd Ewrop oedd yn eu rheoli. Roedd llywodraethwyr y trefedigaethau'n anfon adroddiadau am fôr-ladron. Maen nhw'n dal ar glawr heddiw.

Ar dir sych

Mae archaeoleg ar y tir yn rhoi hanes bywyd bob dydd y môr-ladron hefyd. Bydden nhw'n aros mewn porthladdoedd neu ynysoedd dros y byd i gyd. Daeth poteli rym, tancardau, canwyllbrennau, llwyau a byclau pres i'r golwg yn Port Royal yn Jamaica. Dinistriodd daeargryn y dref yn 1692.

▲ Roedd y Rhufeiniaid
yn arfer mynd mewn
galïau – llongau hir
gyda rhesi o rwyfau ac
un hwyl – i amddiffyn
rhag llongau môr-
ladron. Roedd hwrdd
rhyfel ar y blaen i
suddo llongau'r gelyn.
Roedd y galïau'n llawn
o filwyr Rhufeinig, ond
roedd y môr-ladron yn
aml yn eu trechu.

◄ Roedd pawb yn y
Môr Canoldir yn ofni
môr-ladron Cilicia.
Roedden nhw'n
greulon iawn. Roedden
nhw'n arfer clymu
carcharorion gefn wrth
gefn a'u taflu i'r môr.

ARSWYD YN EWROP

Roedd pobl ardal y Môr Canoldir, fel y Phoeniciaid, y Cretiaid a'r Groegwyr yn enwog fel masnachwyr – ac fel môr-ladron. Roedd mynyddoedd neu arfordir o gwmpas trefi Groeg, felly roedd llawer o Roegwyr yn hwylio i'r Eidal, Ffrainc a Sbaen i chwilio am diroedd newydd. Roedden nhw'n aml yn ymosod ar longau a threfi'r arfordir. Dros 2,500 mlynedd yn ôl dewisodd môr-ladron o wlad Groeg Ynysoedd Lipari oddi ar arfordir de'r Eidal yn ganolfan.

Erbyn 250 OC roedd yr Ymerodraeth Rufeinig yn cynnwys y rhan fwyaf o Ewrop a rhannau o Asia ac Affrica. Llynges Rhufain oedd yn rheoli. Ond o fewn 150 mlynedd roedd wedi colli ei grym. Wrth i filwyr Rhufain gilio o Brydain, daeth môr-ladron o Sacsoniaid a Gwyddelod yn eu lle.

Cipio Cesar

Yn 78 CC roedd Rhufeiniwr ifanc o'r enw Iŵl Cesar yn ymladd yn erbyn môr-ladron o Cicilia, yn Asia Leiaf (Twrci heddiw). Cipiodd y môr-ladron y Rhufeiniwr ifanc a'i ddal ar ynys Pharmacusa, tan i'r Rhufeiniad dalu pridwerth mawr iddyn nhw. Bu môr-ladron Cicilia'n codi ofn ar bawb am 11 mlynedd arall. Yna cawson nhw eu trechu gan filwr Rhufeinig arall o'r enw Pompey. Yn y diwedd, cafodd tua 10,000 o fôr-ladron eu lladd a daliwyd 20,000 arall.

Llid y Llychlynwyr

Yn 789 OC ymosododd môr-ladron o Sgandinafia am y tro cyntaf ar arfordir Ynysoedd Prydain. Llychlynwyr oedd yr enw arnyn nhw. Nhw yw cyndeidiau pobl Denmarc, Norwy a Sweden heddiw. Roedd y Llychlynwyr yn byw ar bysgota, ffermio a masnachu. Ond roedd bywyd yn galed yng ngogledd Ewrop, felly dechreuon nhw hwylio dramor i ysbeilio llongau a threfi.

▲ Buodd y Llychlynwyr yn codi ofn ar bobl am 300 mlynedd. Buon nhw'n ysbeilio Prydain, Iwerddon a Ffrainc. Hwylion nhw i'r gorllewin i Ynys yr Iâ, Grønland a Gogledd America, ac i'r de i'r Môr Canoldir. Ymsefydlon nhw yn Rwsia a hwylio i lawr afonydd dwyrain Ewrop cyn belled â Miklagard (Istanbul heddiw). Ym Mhrydain, chafodd y Llychlynwyr mo'u trechu'n llwyr tan Frwydr Stamford Bridge yn 1066.

▲ Roedd llong
hir yn gallu bod
yn 23 metr o hyd.
Roedd yr estyll a'r
cilbren o dderw. Efallai
mai o bîn roedd y
mast. Roedd yn cynnal
un hwyl lydan. Roedd
tyllau yn yr estyll yn
dal y rhwyfau. Mae'n
debyg fod y rhyfelwyr
yn rhwyfo'r llong eu
hunain ac yn eistedd ar
gistiau pren. Roedd
padl ar yr ochr yn
llywio'r llong.

◀ Roedd
môr-ladron
Llychlyn yn gwisgo
helmedau o ledr neu
haearn ac yn cario
tariannau pren. Roedd
yr arfau'n cynnwys
gwaywffyn, cleddyfau
hir a bwyeill rhyfel.
Roedd rhai'n gwisgo
crysau o gylchoedd
haearn.

Roedd milwyr
y Llychlynwyr yn cael
eu galw'n 'filwyr gwyllt'.
Roedden nhw'n llosgi, lladd ac
ysbeilio. Hefyd, roedden nhw'n
cymryd carcharorion ac yn eu gwerthu fel
caethweision. Ond doedd y Llychlynwyr
ddim yn ddrwg i gyd – yn aml bydden
nhw'n ymsefydlu ac yn adeiladu trefi
newydd yn y gwledydd roedden nhw'n
ymosod arnynt.

Ysbeilio

Bu'r Llychlynwyr yn
ysbeilio croesau,
cwpanau cymun,
dysglau a chlychau
gwerthfawr o eglwysi
ac abatai Cristnogol.
Cawson nhw ddarnau
arian, gemwaith, arfau a
lliain main o drefi mawr
fel Llundain a Pharis.
Roedden nhw'n cludo'r
ysbail adref mewn
llongau, neu'n ei werthu
mewn gwledydd eraill i
wneud elw.

Stormydd yr Iwerydd

Mae arfordir gogledd orllewin Ewrop yn arw, a thonnau mawr Cefnfor Iwerydd yn torri drostynt. Mae llawer o gilfachau bach, ynysoedd anghysbell ac ogofâu dirgel – mannau delfrydol i smyglwyr a môr-ladron. Yn yr Oesoedd Canol, roedd môr-ladron yn gyffredin yng Nghymru, yr Alban, Iwerddon, Ynys Manaw, Ynysoedd Scilly a Llydaw.

Brenhines Bae Clew

Dyma Gráinne Ni Mháille, Gráinne Mhaol, neu Grace O'Malley yn Saesneg. Ganwyd yr uchelwraig hon o Iwerddon tua 1530 a daeth yn forwr medrus. Roedd ganddi nifer o longau ym Mae Clew, ar arfordir gorllewin Iwerddon. Buodd ei môr-ladron yn rheibio arfordir Iwerddon ac yn ymosod ar longau'n croesi Môr Iwerydd o'r 1560au. Yn 1593 cafodd bardwn brenhinol ac ymddeol.

Mynach yn fôr-leidr

Yn y 1200au, gadawodd Eustace, mynach o Fflandrys, ei fynachlog a mynd yn filwr. Pan gafodd ei daflu allan am lofruddio, aeth yn fôr-leidr. Buodd yn gweithio'r Sianel, i'r Saeson yn gyntaf ac yna i'r Ffrancod. Mae llawysgrif o'r Oesoedd Canol yn dangos sut buodd farw – torrwyd pen Eustace i ffwrdd mewn brwydr ar y môr ger Sandwich, swydd Caint.

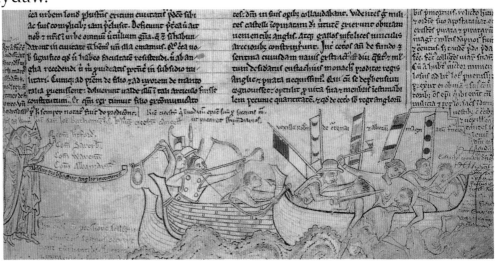

Klein Hänslein

Ar un diwrnod yn 1573, cafodd 33 môr-leidr eu dienyddio yn Hamburg, yr Almaen. Enw eu capten oedd 'Jac bach', neu Klein Hänslein. Buodd yn rheibio llongau masnach Môr y Gogledd.

I'r dwyrain, roedd y Sianel, Môr y Gogledd a'r Môr Baltig yn beryglus i longau. Roedd yn gyfnod gwyllt. I lawer, roedd bod yn fôr-leidr yn ffordd deg o ymosod ar elynion a gwrthwynebwyr, neu o ddod yn gyfoethog. Roedd llawer o deuluoedd pwerus a pharchus yn trefnu criwiau o fôr-ladron.

◀ Roedd St-Malo'n hafan i *corsairs* pan ddaeth Llydaw o dan reolaeth Ffrainc yn 1488. Daliodd y preifatiriaid ati, gan ymosod ar longau Lloegr o gwmpas y byd. Daeth capteiniaid fel Réné Duguay-Trouin a Robert Surcouf yn arwyr.

Roedd gwledydd Ewrop yn aml yn rhyfela â'i gilydd. Byddai morwyr yn aml yn ymosod ar longau'r gelyn ac yn eu hysbeilio. Cafodd y môr-ladron a'r preifatiriaid swyddogol hyn eu galw wrth y term Ffrangeg *corsairs*. Daeth llawer yn arwyr poblogaidd a chwaraeodd rhai ran bwysig mewn hanes.

Ar draws y Sianel
Porthladdoedd eraill y *corsairs* ar y Sianel oedd Boulogne a Dunkirk. Y *corsair* enwocaf o Dunkirk oedd Jean Bart. Buodd e'n ymosod ar longau pysgota o'r Iseldiroedd ac yn ysbeilio arfordir Lloegr. Cafodd ei ddal yn Lloegr yn 1694, ond dihangodd i Ffrainc drwy rwyfo cwch 250 km ar draws y Sianel.

13

Llongau trysor

O 1540 ymlaen, buodd y Sbaenwyr yn trefnu dau gonfoi'r flwyddyn i warchod y llongau oedd yn cario'r trysor yn ôl o Ganol a De America i Sbaen. Roedd un yn gadael o Vera Cruz a'r llall o Nombre de Dias (neu'n ddiweddarach o Portobello). Roedd y ddau gonfoi'n dod at ei gilydd ger Cuba i deithio'n ôl i Sbaen. Gallai fod 100 o longau i gyd. Roedd y trysor yn cael ei gludo mewn llongau o'r enw galiynau. Roedden nhw'n gallu cario 200 o griw a 60 magnel. Doedd dim llawer o longau'r môr-ladron yn drech na nhw, ond roedd rhai'n fwy cyflym a chyfrwys.

▶ **Ym mis Mehefin 1523 roedd *corsair* o Ffrainc o'r enw Jean Fleury'n gwylio llwybrau'r llongau ger Penrhyn San Vicente, ger Faro yn Portiwgal. Gwelodd dri carafel, llongau bach â thri mast, yn mynd am Sbaen. Aeth Fleury'n nes at y llongau a llwyddodd i gipio dwy ohonynt. Dihangodd y drydedd.**

Roedd carafelau Sbaen yn llawn trysorau wedi'u cipio oddi ar yr Asteciaid, pobl frodorol America. Roedden nhw'n arfer byw lle mae México heddiw. Roedd Hernando Cortés, milwr o Sbaen, wedi trechu ymerodraeth bwerus yr Asteciaid yn 1521. Ar ôl ymosodiad Fleury ar longau trysor Sbaen, bu *corsairs* Ffrainc a Lloegr yn ymosod yn gyson.

BYD NEWYDD

Ar 12 Hydref, 1492, glaniodd morwr o'r Eidal, Christopher Columbus, ar Ynys Watling yn y Bahamas. Roedd yn gweithio i Frenin a Brenhines Sbaen. Roedd e'n meddwl iddo gyrraedd rhan o Asia. Ond mewn gwirionedd roedd e wedi glanio yn America, 'byd newydd' i Ewropeaid. Yn ystod y blynyddoedd canlynol, cipiodd Sbaen lawer iawn o dir yng Nghanol a De America.

Cafodd llawer o'r bobl frodorol eu cipio, eu llofruddio neu buon nhw farw o glefydau. Cludwyd aur ac arian yn ôl i Ewrop. Sefydlwyd planhigfeydd ar ynysoedd y Caribî, a buodd tlodion Ewrop a chaethweision Affrica yn gweithio yno. Oherwydd hyn i gyd: dynion mewn cyflwr gwael, ynysoedd anghysbell a thrysor Sbaen, dechreuodd môr-ladrata.

▶ Preifatîr o Loegr oedd Francis Drake. Roedd e'n aml yn torri'r rheolau ac yn môr-ladrata. O 1567 i 1596 arweiniodd sawl ymosodiad ar lynges Sbaen, gan gipio gwerth ffortiwn o aur. Yn 1572, pan oedd Lloegr wedi trefnu heddwch â Sbaen, ymosododd Drake ar Nombre de Dios.

Brodyr yr Arfordir

Yn y 1600au, aeth llawer iawn o anturwyr a herwyr gwyllt i gael lloches yn ardal Môr Caribî. Roedden nhw'n dod o'r Iseldiroedd, Ynysoedd Prydain, Ffrainc, Portiwgal, Gorllewin Affrica ac Ynysoedd y Caribî eu hunain. 'Bycaniriaid' neu 'Frodyr yr Arfordir' oedd yr enw arnyn nhw. I ddechrau roedden nhw'n byw ar Cuba, Jamaica a Hispaniola. O'r 1630au ymlaen, ynys Tortuga oedd eu prif ganolfan.

Mochyn ar farbiciw

Cymerodd y bycaniriaid eu henw o'r *boucan*, neu'r tŷ cochi, lle roedden nhw'n coginio cig. Roedd cig amrwd yn cael ei goginio dros gymylau o fwg tân sglodion pren.

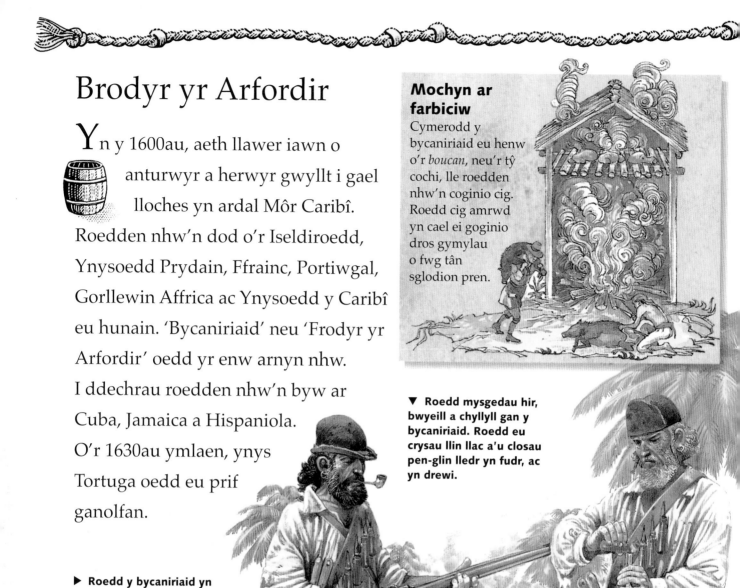

▼ Roedd mysgedau hir, bwyeill a chyllyll gan y bycaniriaid. Roedd eu crysau llin llac a'u closau pen-glin lledr yn fudr, ac yn drewi.

▶ Roedd y bycaniriaid yn byw y tu allan i'r gyfraith, gan ymladd a saethu. Roedden nhw'n aml yn feddw ar rym a brandi. Roedd y bycaniriaid cyntaf yn byw mewn gwersylloedd syml yn yr awyr agored ac yn hela moch gwyllt a gwartheg â'u cŵn. Roedden nhw'n cael powdr gwn a nwyddau yn dâl am gig a chroen yr anifeiliaid hyn.

Roche Brasiliano

François l'Ollonois

Bartolomeo el Portugés

Tri dyn gwyllt

Roedd rhai bycaniriaid gwyllt a threisgar wrth eu bodd yn gwneud pethau erchyll. Roedd Brasiliano, capten o'r Iseldiroedd, yn rhostio ei elynion yn fyw. Torrodd

Jean-David Nau, neu François l'Ollonois o Lydaw galon carcharor o Sbaen a'i rhwygo â'i ddannedd. Roedd Bortolomeo o Bortiwgal yn llofrudd creulon.

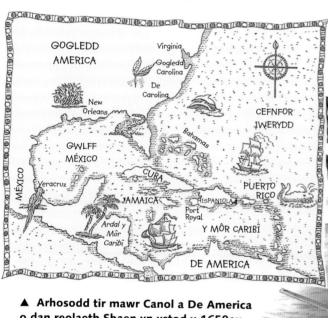

▲ Arhosodd tir mawr Canol a De America o dan reolaeth Sbaen yn ystod y 1650au. Daeth Prydain a Ffrainc i herio Sbaen yn y Caribî. Hefyd, roedd môr-ladron o bob gwlad yn defnyddio'r ynysoedd i guddio rhag y gyfraith.

▶ Roedd y bycaniriaid yn ymosod ar longau Sbaen o geufadau, neu *piraguas*. Roedden nhw'n gyflym ac yn anodd i'r gelyn eu taro.

F uodd llywodraethwyr y trefedigaethau ddim yn hir cyn cael digon ar y bycaniriaid gwyllt. Ceision nhw eu stopio rhag masnachu cig eidion a moch, felly penderfynodd y bycaniriaid fynd yn fôr-ladron. Erbyn y 1660au roedden nhw'n ymosod yn ffyrnig ar longau trysor Sbaen. Roedd hyn yn fêl ar fysedd gelynion Sbaen. Dechreuon nhw hurio byddinoedd o fycaniriaid i ysbeilio trefi Sbaenaidd ar y tir mawr. Aeth oes aur y bycaniriaid ymlaen tan y 1690au. Daeth y môr-ladron hyn yn enwog drwy'r byd.

Harri Morgan yn Port Royal, Jamaica

Yn 1655, cipiodd Prydain ynys Jamaica yn y Caribî oddi wrth y Sbaenwyr. Doedd dim digon o filwyr gan Brydain i amddiffyn yr ynys rhag ymosodiad gan Sbaen neu Ffrainc. Felly, dyma nhw'n taro bargen â'r bycaniriaid. Gallai'r môr-ladron angori ger Port Royal a chadw llongau'r gelyn draw. Y bycanîr enwocaf yn Port Royal oedd Cymro o'r enw Harri Morgan. Cafodd Morgan gefnogaeth swyddogol i ysbeilio trefi Sbaenaidd ar y tir mawr.

◄ Daeth Port Royal yn enwog yn y 1660au am fod yn lle gwyllt. Roedd strydoedd drewllyd y porthladd yn llawn masnachwyr meddw, masnachwyr caethweision creulon, morwyr â pharotiaid gwichlyd, gamblwyr a chnafon, a bycaniriaid hyderus.

Morgan yn ysbeilio

Rhwng 1668 a 1671, arweiniodd Harri Morgan ei ddynion i ysbeilio yn erbyn Puerto Principe, Portobello, Maracaibo, a Panama.

Roedd Harri Morgan erbyn hyn yn breifatîr. Roedd e'n gallu codi byddinoedd mawr o fycaniriaid. Oherwydd hyn, dewisodd yr awdurdodau trefedigaethol yn Jamaica beidio â'i gosbi am fod yn fôr-leidr creulon. Cafodd ei urddo'n farchog gan y Brenin Siarl II a'i wneud yn Is-lywodraethwr Jamaica. Roedd Morgan yn yfed yn drwm a bu farw yn 1688. Ar ôl iddo farw, doedd dim angen y bycaniriaid gwyllt. Yn wir, daeth Port Royal yn enwog fel lle i garcharu môr-ladron, eu rhoi ar brawf a'u crogi.

Cosb Duw?

Ar 7 Mehefin, 1692, tawelodd strydoedd Port Royal yn sydyn. Yna, dechreuodd y ddaear siglo. Cwympodd waliau tafarnau a syrthiodd warysau'n llawn siwgr a thybaco i'r harbwr. Llifodd y môr i'r dref. Wrth i bobl glywed am y daeargryn, roedd pobl yn honni bod Port Royal yn cael cosb am ei holl bechodau.

Merched yn fôr-ladron

Roedd tri môr-leidr ymysg llawer a gafodd eu dwyn o flaen llys yn Jamaica ym mis Tachwedd 1720. Cafwyd un, John Rackham, yn euog, a'i grogi. Cafwyd y ddau arall yn euog, ond chawson nhw ddim cosb – pan glywodd y llys eu bod yn disgwyl babanod. Mary Read ac Anne Bonny oedd eu henwau. Roedd Read a Bonny wedi cael eu magu fel bechgyn, felly roedden nhw'n gyfarwydd â gwisgo dillad dynion ac yn hoffi byw ar y môr. Bydden nhw'n ymladd yn ffyrnig â chleddyfau byr, bwyeill a phistolau. Nhw oedd y merched enwocaf erioed i fod yn fôr-ladron.

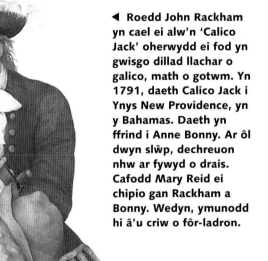

◀ Roedd John Rackham yn cael ei alw'n 'Calico Jack' oherwydd ei fod yn gwisgo dillad llachar o galico, math o gotwm. Yn 1791, daeth Calico Jack i Ynys New Providence, yn y Bahamas. Daeth yn ffrind i Anne Bonny. Ar ôl dwyn slŵp, dechreuon nhw ar fywyd o drais. Cafodd Mary Reid ei chipio gan Rackham a Bonny. Wedyn, ymunodd hi â'u criw o fôr-ladron.

Moroedd Gogledd America

▼ Roedd 'Blackbeard' yn ddidrugaredd. Edrychai'n ddieflig a mileinig wrth ymosod ar longau o gwmpas De Carolina a phorthladd llewyrchus Charleston o fwrdd ei long *Queen Anne's Revenge*.

Pan oedd y Sbaenwyr yn rheoli arfordir y Caribî a'r Cefnfor Tawel, ymsefydlodd Prydeinwyr ar hyd arfordir dwyreiniol Gogledd America. Roedd rhaid iddyn nhw dalu tollau uchel i'r llywodraeth yn ôl gartref am lawer o'r nwyddau roedden nhw'n eu mewnforio. Yn y 1700au, dechreuodd rhai oedd wedi ymsefydlu yn America daro'n ôl drwy smyglo a mynd yn fôr-ladron. Roedden nhw'n ymosod ar longau o Newfoundland i lawr i daleithiau Carolina, ac yn bellach hefyd weithiau. Roedd rhai llywodraethwyr yn barod i beidio â'u cosbi, ond iddyn nhw gael peth o'r elw.

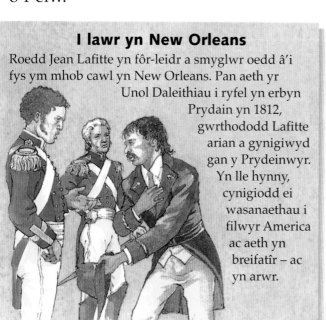

I lawr yn New Orleans

Roedd Jean Lafitte yn fôr-leidr a smyglwr oedd â'i fys ym mhob cawl yn New Orleans. Pan aeth yr Unol Daleithiau i ryfel yn erbyn Prydain yn 1812, gwrthododd Lafitte arian a gynigiwyd gan y Prydeinwyr. Yn lle hynny, cynigiodd ei wasanaethau i filwyr America ac aeth yn breifatîr – ac yn arwr.

Stede Bonnet

Roedd Stede Bonnet yn ŵr bonheddig parchus, canol oed. Roedd ganddo enw am fod yn ddandi. Roedd e wedi ymddeol o'r fyddin ac yn berchen planhigfa yn Barbados. Pan oedd yn teimlo'n ddiflas, penderfynodd Bonnet fod yn gapten môr-ladron. Am gyfnod bu'n hwylio gyda llongau Blackbeard, a phawb yn chwerthin am ei ben. Yn 1718 cafodd Bonnet ei ddal a'i hongian yn Charleston.

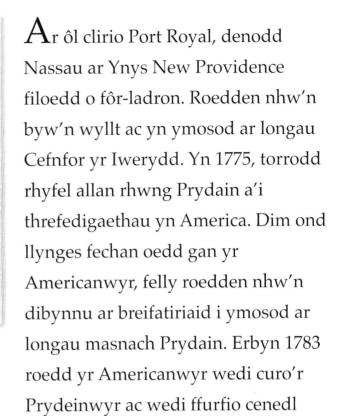

Ar ôl clirio Port Royal, denodd Nassau ar Ynys New Providence filoedd o fôr-ladron. Roedden nhw'n byw'n wyllt ac yn ymosod ar longau Cefnfor yr Iwerydd. Yn 1775, torrodd rhyfel allan rhwng Prydain a'i threfedigaethau yn America. Dim ond llynges fechan oedd gan yr Americanwyr, felly roedden nhw'n dibynnu ar breifatiriaid i ymosod ar longau masnach Prydain. Erbyn 1783 roedd yr Americanwyr wedi curo'r Prydeinwyr ac wedi ffurfio cenedl annibynnol – yr Unol Daleithiau.

Blackbeard gwyllt

Y môr-leidr roedd pawb yn ei ofni fwyaf yng Ngogledd America o 1716 ymlaen oedd Edward Teach o Fryste, neu 'Blackbeard'. Roedd e'n ddyn creulon oedd yn plethu ei wallt a'i farf. Roedd yn cynnau ffiwsiau ac yn eu clymu o dan ei het i godi ofn ar ei elynion.

▶ Ym mis Tachwedd 1718, cynigiodd y Llywodraethwr Alexander Spotswood o Virginia £100 i unrhyw un a allai ddal Blackbeard. Cafodd ei ladd gan yr Is-Gapten Robert Mynard o HMS *Pearl* mewn brwydr un ac un. Torrodd ben Blackbeard a'i hongian o bolyn blaen y llong.

ARFORDIR AFFRICA

Doedd neb yn gyfarwydd â'r rhan fwyaf o Affrica tan y 1800au. Roedd mapiau'n cael eu gadael yn wag yn yr Oesoedd Canol, neu roedd llewod arnynt. Roedd ymerodraethau cyfoethog yn y mewndir, ond doedd fawr neb wedi llwyddo i oroesi'r teithiau hir drwy'r anialwch a'r jyngl i'w cyrraedd.

▼ Y Capten Barti Ddu, neu Bartholomew Roberts o Gymru'n edrych ar y trysor roedd e wedi'i gipio ger Afon Senegal yn 1721. Barti oedd un o'r môr-ladron enwocaf erioed. Llwyddodd i gipio neu suddo dros 400 llong.

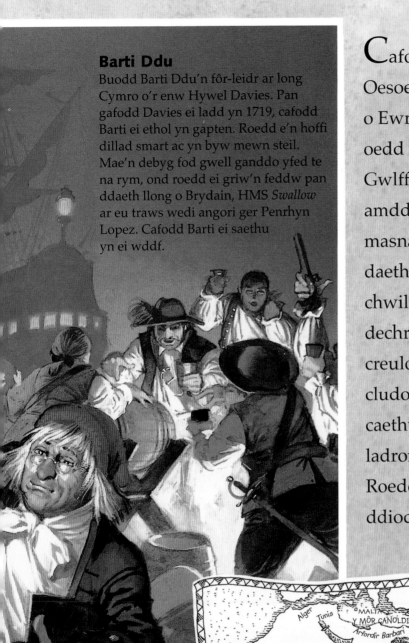

Barti Ddu

Buodd Barti Ddu'n fôr-leidr ar long Cymro o'r enw Hywel Davies. Pan gafodd Davies ei ladd yn 1719, cafodd Barti ei ethol yn gapten. Roedd e'n hoffi dillad smart ac yn byw mewn steil. Mae'n debyg fod gwell ganddo yfed te na rym, ond roedd ei griw'n feddw pan ddaeth llong o Brydain, HMS *Swallow* ar eu traws wedi angori ger Penrhyn Lopez. Cafodd Barti ei saethu yn ei wddf.

Cafodd arfordir Affrica ei fapio o'r Oesoedd Canol ymlaen gan fasnachwyr o Ewrop, Arabia a China. Portiwgeaid oedd y rhai cyntaf o Ewrop i gyrraedd Gwlff Gini. Adeiladon nhw amddiffynfeydd a chanolfannau masnachol. Yna yn y 1500au a'r 1600au daeth rhagor o Ewropeaid oedd yn chwilio am aur ac ifori. Cyn hir dechreuon nhw fasnach arall, fwy creulon – herwgipio Affricanwyr a'u cludo nhw i'r Byd Newydd fel caethweision. Erbyn 1700 roedd môr-ladron yn bla ar Arfordir Gini hefyd. Roedden nhw eisiau elwa ar yr holl ddioddefaint.

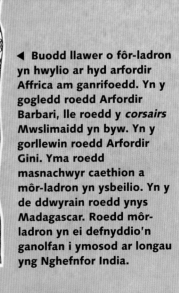

◀ Buodd llawer o fôr-ladron yn hwylio ar hyd arfordir Affrica am ganrifoedd. Yn y gogledd roedd Arfordir Barbari, lle roedd y *corsairs* Mwslimaidd yn byw. Yn y gorllewin roedd Arfordir Gini. Yma roedd masnachwyr caethion a môr-ladron yn ysbeilio. Yn y de ddwyrain roedd ynys Madagascar. Roedd môr-ladron yn ei defnyddio'n ganolfan i ymosod ar longau yng Nghefnfor India.

23

Corsairs Barbari

Tua 640 OC daeth Mwslimiaid Arabaidd draw i Ogledd Affrica. O fewn 100 mlynedd roedden nhw'n rheoli de Sbaen hefyd. Erbyn y 1530au Mwslimiaid o Dwrci oedd yn rheoli'r rhan fwyaf o Ogledd Affrica. Roedd de Ewrop yn dal yn Gristnogol. Buodd *corsairs* Mwslimaidd o Tripoli, Tunis ac Algier – dinasoedd ar yr arfordir Barbari – yn ymosod ar longau Ewrop ac yn dal morwyr Cristnogol i fod yn gaethweision.

Arteithio
Dim ond carcharorion Cristnogol cyfoethog oedd yn osgoi cael eu trin yn wael gan y *corsairs* Barbari. Roedden nhw'n cael eu cadwyno, eu chwipio â rhaffau â chlymau a'u harteithio. Roedd carcharorion Mwslimaidd mewn carchardai Cristnogol hefyd yn cael eu trin yn greulon iawn.

▼ Roedd *corsairs* Barbari'n defnyddio galïau cyflym, a chaethweision yn eu rhwyfo. Roedd capten, neu *raïs* yn feistr ar y galïau ac roedd y milwyr gorau arnyn nhw. Mae'r darlun hwn gan Cornelius Vroom yn dangos brwydr rhwng *corsairs* a llongau Sbaen yn 1615.

Y Gwaredianwyr

Roedd offeiriaid Cristnogol o'r enw'r Gwaredianwyr yn codi arian i brynu Cristnogion roedd y *corsairs* wedi'u carcharu. Roedden nhw'n mynd i arfordir Barbari ac yn talu'r pridwerth roedd y llywodraethwyr Mwslimaidd yn gofyn amdanynt.

Cyn hir roedd *corsairs* Barbari'n mynd i ysbeilio'n bell o Affrica. Aeth rhai i Wlad yr Iâ, hyd yn oed. Daethon nhw'n arwyr y byd Islamaidd. Yn y 1600au, aeth llawer o Ewropeaid i ymuno â *corsairs* Barbari. Roedd y rhain yn cynnwys y Sais Sir Francis Verney a'r Iseldirwyr Simon Danziger a Jan Jansz. Wedyn dechreuodd *corsairs* Cristnogol adeiladu llongau i ymosod ar y Mwslimiaid. Ar ynys Malta yn y Môr Canoldir roedd eu canolfan nhw.

Y ddau Barbarossa

Dau frawd o wlad Groeg, Aruj a Kheir-ed-Din, oedd arweinwyr enwocaf y *corsairs* cynnar. Groegwyr oedden nhw, a daethon nhw'n enwog fel y brodyr Barbarossa (barf goch).

▼ Yn 1504, cipiodd Aruj Barbarossa ddau gali trysor oedd yn berchen i'r Pab Julius II. Roedd y brodyr Barbarossa'n forwyr medrus ac yn ymladdwyr ffyrnig. Hefyd buon nhw'n ymosod ar longau o ddinas Genoa yn yr Eidal ac o Sbaen.

Lladdodd y Sbaenwyr Aruj yn 1518. Daeth Kheir-ed-Din yn llyngesydd a llysgennad uchel ei barch.

Teyrnasoedd y môr-ladron

Roedd rhannau eraill o arfordir Affrica hefyd yn llawn môr-ladron. Yn y 1600au, bu môr-ladron o'r Iseldiroedd, Ffrainc a Phortiwgal yn hwylio ar hyd glannau Affrica. Cyn hir roedd môr-ladron yn hwylio yr holl ffordd o Ogledd America i Affrica ac i fyny'r Môr Coch – llwybr oedd yn cael ei alw'n 'Llwybr y Môr-Ladron' ('The Pirate Round'). O 1690 i 1720, roedd prif ganolfan y môr-ladron ar ynys Madagascar. Roedd sôn bod bywyd ar yr ynys yn hawdd, gyda merched hardd a heulwen drofannol. Ond caled oedd bywyd i fôr-ladron Madagascar mewn gwirionedd.

▲ Mae'r map hwn yn dangos Madagascar, y prif borthladd ar 'Lwybr y Môr-ladron'. Yma roedd y môr-ladron yn llwytho bwyd a dŵr neu'n gwerthu cargo roedden nhw wedi'i gipio yng Nghefnfor India.

Môr-leidr caredig

Doedd capteiniaid môr-ladron ddim yn garedig fel arfer. Roedd y môr-leidr Gwyddelig, Edward England, yn arfer hwylio arfordir Gini a Chefnfor India. Ond pan adawodd i gapten llong nwyddau ddianc yn ddianaf, aeth criw England yn wyllt gacwn. Dyma nhw'n ei adael ar ynys Mauritius. Adeiladodd gwch bychan a hwylio'r holl ffordd i Madagascar.

▼ Byddai llong yn cael ei glanhau wrth gael ei thrwsio ar y lan. Dyma pryd roedd perygl i'r môr-ladron ddioddef ymosodiad. Roedden nhw'n gwersylla ar y lan a doedd dim modd dianc.

Mewn dyfroedd trofannol roedd cregyn llong a gwymon yn tyfu ar gorff llongau pren ac yn eu harafu. Roedd mwydod y môr yn eu tyllu hefyd. Byddai môr-ladron yn aros ar Ynys St Mary, ger Madagascar, i drwsio'u llongau.

Y sgrifennodd Daniel Defoe (1661-1731) am wlad newydd o'r enw Libertalia, wedi'i sefydlu ar Madagascar gan fôr-leidr o'r enw Capten Mission. Er mai gwlad ddychmygol oedd hon, cyhoeddodd môr-ladron fel 'Brenin' Abraham Samuel yn y 1690au a James Plantain 'Brenin Bae Ranter' yn y 1720au mai nhw oedd yn rheoli'r ardal.

Offer gwaith

Roedd neddyf yn cael ei ddefnyddio i droi pren yn estyll newydd. Roedd rhaid calcio (llenwi) y bylchau rhwng yr estyll. Felly bydden nhw'n cael eu hagor gan haearn a byddai ocwm (ffibrau wedi'u tynnu o raffau) yn cael ei wasgu rhyngddyn nhw. Roedd rhaid bwrw'r ocwm â gordd a haearn calcio. Wedyn, roedden nhw'n rhoi pyg neu dar drosto.

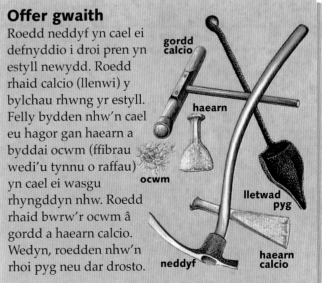

gordd calcio

haearn

ocwm

lletwad pyg

neddyf

haearn calcio

MÔR-LADRON Y DWYRAIN

Yn 1735, ymosododd teulu'r Angria ar y *Derby*, llong yn perthyn i gwmni *British East India*. Bu'n rhaid i'r llong ildio i'r criw yma o fôr-ladron ar arfordir gorllewinol India. Ar fwrdd y *Derby* roedd gwerth ffortiwn o aur, ar ei ffordd i borthladd Mumbai.

▶ Criw ar fwrdd y *Derby* yn rhoi rhybudd bod llongau'r Angria'n dod yn nes. Roedd teulu'r Angria'n perthyn i bobl Marata, oedd yn herio hawliau masnachu'r Cwmni. Roedd y Maratas yn rheoli Arfordir Malabar, y dyfroedd i'r de o Mumbai. Adeiladon nhw gyfres o geiri ar hyd yr arfordir.

▲ Roedd llongau oedd yn masnachu rhwng Ewrop a'r Dwyrain Pell yn hwylio moroedd y Gwlff a Môr Arabia.

Dyma'r llwybrau masnachu cyfoethocaf yn y byd. Roedd môr-ladron wedi bod yn broblem yma ers canrifoedd.

Cafodd Cwmni *British East India* ei sefydlu yn 1600 i fasnachu yng Nghefnfor India a'r Iwerydd. Roedd milwyr a morwyr ei hunan gan y cwmni. *East Indiamen* oedd yr enw ar y llongau. Yn ystod y 1700au buodd y Maratas yn ymosod arnynt yn gyson. Arweinydd mawr cyntaf ymosodiadau'r Maratas oedd Kanhoji Angria, a fu farw yn 1729. Llwyddodd y Prydeinwyr i drechu'r Maratas yn y pen draw yn 1756.

▶ Môr-leidr Marataidd

29

Môr Coch, gwaed coch

Tyfodd y fasnach rhwng India a'r Dwyrain Pell. Ymosododd Portiwgal ar Goa yn India yn 1510, a goresgyn y dref. Erbyn y 1700au roedd Prydain a Ffrainc yn ymladd â'i gilydd i reoli'r fasnach â gweddill India. Roedd yr Iseldiroedd yn rheoli nifer o 'Ynysoedd Sbeisiau' De-ddwyrain Asia. Roedd gwledydd mawr Ewrop yn rhoi hawl i breifatiriaid ymosod ar fasnach ei gilydd. Cyn hir roedden nhw'n fôr-ladron go iawn.

▶ Ar ôl dwy awr o ymladd, glaniodd môr-ladron o long Avery, y *Fancy*, ar y *Gang-i-Sawai* ac ymosod ar y menywod Mogyl a oedd ar ei bwrdd.

Long Ben
Roedd y Sais Henry Avery'n cael ei adnabod fel 'Long Ben' neu 'Captain Bridgeman'. Daeth yn enwog iawn a gwneud ffortiwn fel môr-leidr yn y Môr Coch. Ond collodd bob ceiniog a bu farw mewn tlodi yn ôl gartref yn Nyfnaint.

Y Gang-i-Sawai
Ym mis Medi 1695, ymosododd Avery a môr-ladron o Ogledd America ar brif long llynges y Mogyliaid, y *Gang-i-Sawai*. Ar ei bwrdd roedd pererinion ar eu ffordd yn ôl o ddinas sanctaidd Mecca, a llawer o drysor.

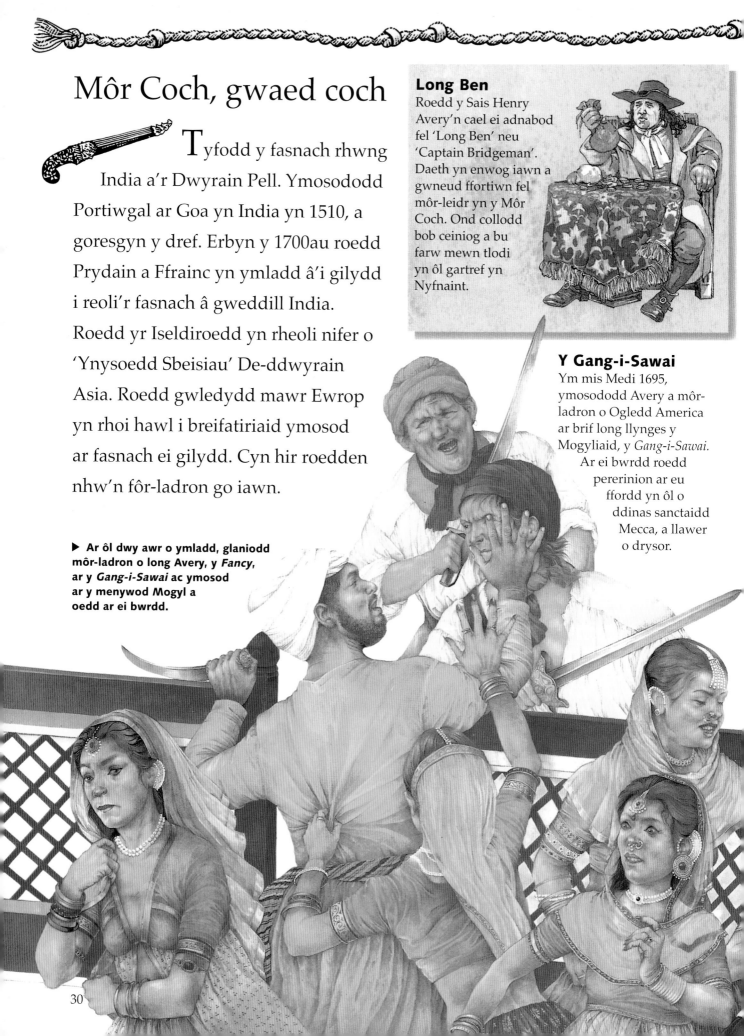

Roedd criwiau o fôr-ladron yn arfer hwylio o Ewrop a threfedigaethau Gogledd America. Bydden nhw'n mynd i'r gogledd o Madagascar i Fôr Arabia, y Gwlff a'r Môr Coch, lle roedden nhw'n ymosod ar longau masnach o Ewrop. Yn aml, roedd noddwyr cyfoethog a phwerus yn rhoi cymorth yn y dirgel i longau'r môr-ladron. Roedden nhw'n rhannu'r ysbail â'r criw os oedd y daith yn llwyddiannus. Ond, os oedd y criw'n cael ei ddal, roedden nhw'n esgus gwybod dim.

Hefyd, roedd y môr-ladron yn ymosod ar longau Aurangzeb, yr ymerawdwr Mogylaidd oedd yn rheoli rhan fawr o ogledd India o 1658 i 1707. Ar y pryd, doedd pobl Ewrop ddim yn dangos llawer o barch i bobl nad oedden nhw'n Gristnogion. Felly'n aml, doedd dim cosb i fôr-ladron a oedd yn ymosod ar longau Mwslimaidd.

Taith drychinebus

Roedd William Kidd o'r Alban yn byw yn Ninas Efrog Newydd. Cafodd gomisiwn brenhinol i ymosod ar longau Ffrainc a môr-ladron yng Nghefnfor India. Ond gorfododd ei griw ef i fod yn fôr-leidr er mwyn gwneud mwy o arian. Ym mis Hydref 1697, bu'n dadlau â'i ynnwr William Moore. Lladdodd ef drwy ei daro â bwced. Yn y pen draw cafodd Kidd ei arestio a'i grogi.

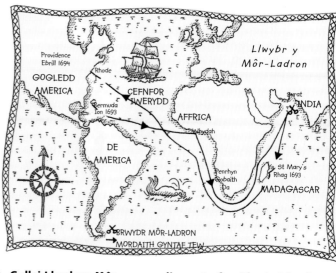

▲ Gallai Llwybr y Môr-Ladron fod yn fordaith o 40,000 km. Hwyliodd Thomas Tew gyda'r *Amity* o Bermuda i Whydah ar Arfordir Gini. Aeth yn fôr-leidr yng Nghefnfor India. Yna hwyliodd yn ôl adref i'w gartref ar Rhode Island a llwgrwobrwyo'r awdurdodau i anwybyddu ei droseddau. Dychwelodd i Gefnfor India ac ymuno â Henry Avery. Ond cafodd ei saethu a'i ladd yn 1695.

Moroedd y Dwyrain Pell

Pobl China oedd rhai o adeiladwyr llongau gorau'r hen fyd. Nhw oedd y cyntaf i ddylunio llongau â nifer o fastiau a llywiau mawr o dan y dŵr. Nhw hefyd ddyfeisiodd y cwmpawd. Buodd llongau pren o China – jyncs – yn hwylio Cefnfor India yn y 1400au. Roedd y Tsineaid yn fasnachwyr a môr-ladron medrus.

▲ Roedd Môr De China'n llawn môr-ladron o'r Oesoedd Canol hyd at yr ugeinfed ganrif.

I'r de, roedd Culfor Melaka a Môr Java hefyd yn beryglus iawn.

◀ Ym mis Medi 1846, dinistriodd llongau rhyfel Prydain longau môr-ladron Tseineaidd o Bae Bias, i'r dwyrain o Hong Kong. Cafodd dros 400 môr-leidr eu lladd. Cafodd eu harweinydd, Cui Apu, ei anafu. Llwyddodd i ddianc ond cafodd ei fradychu. Cymerodd ei fywyd ei hun yn 1851.

Môr-ladron o Japan a Kublai Khan

Yn y 1270au, buodd môr-ladron o Japan yn ysbeilio arfordir China, gan ymosod ar bentrefi a llongau. Cwynodd rheolwr China, Kublai Khan, wrth Japan. Ddigwyddodd ddim byd, felly penderfynodd oresgyn Japan. Methodd ddwywaith, yn 1274 a 1281, oherwydd stormydd ar y môr.

▲ **Llong môr-ladron o Japan**

Ysbeilwyr Borneo

Mae llawer o afonydd a chilfachau coediog ar ynys Borneo. Dyma lle bu môr-ladron Dayak yn byw am ganrifoedd. Roedden nhw'n helwyr pennau ac yn ymosod ar longau o gychod ysgafn, cyflym o'r enw *prahus*. Yn y 1840au, buodd llynges Prydain yn erlid môr-ladron Dayak yn ddidrugaredd.

▲ **Môr-leidr Dayak**

I'r Philipinas

Roedd ynysoedd Môr Sulu'n lloches i fôr-ladron a masnachwyr caethweision lleol. I'r dwyrain wedyn roedd môr-ladron Ilanun o Mindanão yn hwylio'n bell i chwilio am ysbail. Wrth i'r Ewropeaid gymryd eu masnach yn y 1800au, doedd dim dewis gan lawer o bobl De-ddwyrain Asia ond bod yn fôr-ladron er mwyn cadw'n fyw.

▲ **Môr-leidr Ilanun**

Roedd llawer o beryglon i forwyr yn y Dwyrain Pell, o wyntoedd cryfion i siarcod. Ond môr-ladron China oedd yn codi'r ofn mwyaf. Roedd eu llongau'n fawr a threfnus ac yn llawn gwrthryfelwyr gwleidyddol a herwyr. Roedden nhw'n ymosod ar longau China ac Ewrop ac yn trin eu carcharorion yn greulon iawn. Roedd môr-ladron ffyrnig hefyd ger Ynysoedd y Sbeisiau, yn bell i'r de.

Dynes y ddraig

Erbyn yr 1800au, môr-leidr o China o'r enw Cheng I oedd yn rheoli'r arfordir o gwmpas porthladd Canton. Pan fu farw yn 1807 daeth ei weddw, Madame Cheng, i gymryd ei le. Cyn hir roedd hi'n rheoli fflyd enfawr o longau môr-ladron, gyda 800 jync arfog, 1,000 o gychod llai a dros 70,000 o ddynion a menywod. Ar ôl brwydrau â môr-ladron eraill, prynodd ei phardwn gan lywodraeth China yn 1810.

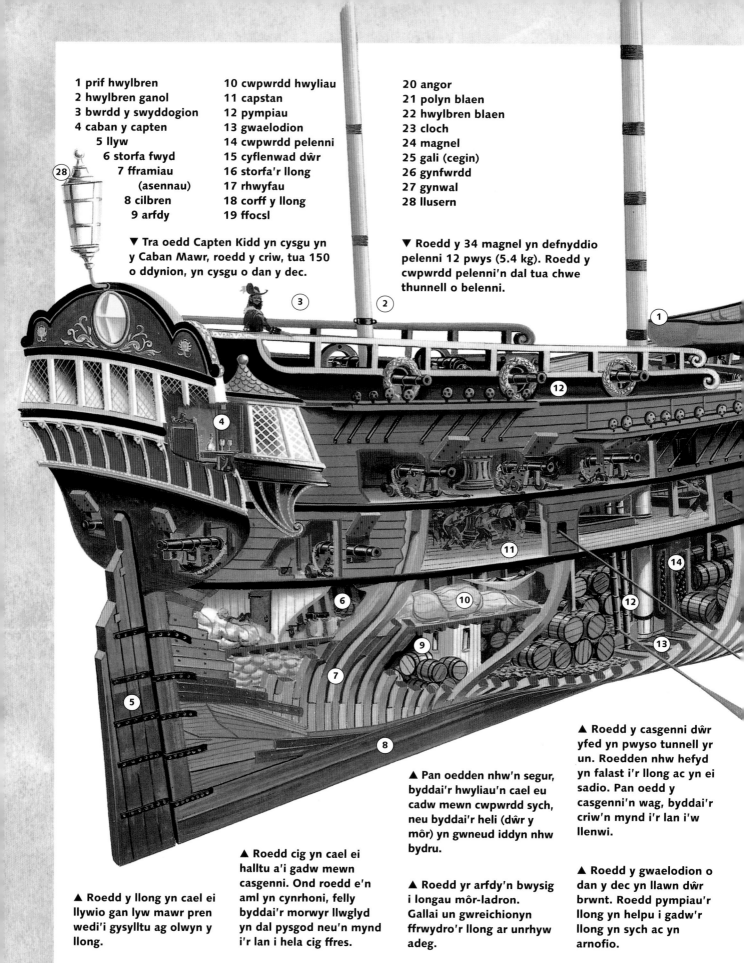

1 prif hwylbren
2 hwylbren ganol
3 bwrdd y swyddogion
4 caban y capten
5 llyw
6 storfa fwyd
7 fframiau (asennau)
8 cilbren
9 arfdy
10 cwpwrdd hwyliau
11 capstan
12 pympiau
13 gwaelodion
14 cwpwrdd pelenni
15 cyflenwad dŵr
16 storfa'r llong
17 rhwyfau
18 corff y llong
19 ffocsl
20 angor
21 polyn blaen
22 hwylbren blaen
23 cloch
24 magnel
25 gali (cegin)
26 gynfwrdd
27 gynwal
28 llusern

▼ Tra oedd Capten Kidd yn cysgu yn y Caban Mawr, roedd y criw, tua 150 o ddynion, yn cysgu o dan y dec.

▼ Roedd y 34 magnel yn defnyddio pelenni 12 pwys (5.4 kg). Roedd y cwpwrdd pelenni'n dal tua chwe thunnell o belenni.

▲ Roedd y llong yn cael ei llywio gan lyw mawr pren wedi'i gysylltu ag olwyn y llong.

▲ Roedd cig yn cael ei halltu a'i gadw mewn casgenni. Ond roedd e'n aml yn cynrhoni, felly byddai'r morwyr llwglyd yn dal pysgod neu'n mynd i'r lan i hela cig ffres.

▲ Pan oedden nhw'n segur, byddai'r hwyliau'n cael eu cadw mewn cwpwrdd sych, neu byddai'r heli (dŵr y môr) yn gwneud iddyn nhw bydru.

▲ Roedd yr arfdy'n bwysig i longau môr-ladron. Gallai un gwreichionyn ffrwydro'r llong ar unrhyw adeg.

▲ Roedd y casgenni dŵr yfed yn pwyso tunnell yr un. Roedden nhw hefyd yn falast i'r llong ac yn ei sadio. Pan oedd y casgenni'n wag, byddai'r criw'n mynd i'r lan i'w llenwi.

▲ Roedd y gwaelodion o dan y dec yn llawn dŵr brwnt. Roedd pympiau'r llong yn helpu i gadw'r llong yn sych ac yn arnofio.

LLONGAU'R MÔR-LADRON

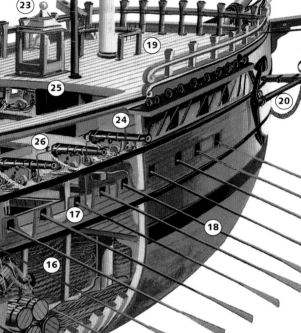

▼ Stof syml yn llosgi coed oedd y gali. Roedd yn ddigon pell o storfa'r powdr gwn.

▶ Roedd ceblau trwchus o'r enw 'stae blaen' yn cael eu clymu i'r polyn blaen i gynnal yr hwylbren blaen.

▲ Roedd rhaid defnyddio'r rhwyfau pan nad oedd gwynt, neu pan oedd y llong yn cyrraedd porthladd.

Roedd rhaid i fôr-ladron fod yn gyflym er mwyn ymosod yn sydyn a llwyddiannus. Sylweddolodd bycaniriaid y Caribî y gallai eu llongau bach cyflym nhw drechu galiwn mawr araf, faint bynnag o arfau oedd arno. Roedd *corsairs* Ffrainc yn aml yn defnyddio cychod pysgota arfog bach i ymosod ar longau Lloegr.

Byddai'n rhaid i fôr-ladron anlwcus ddefnyddio hen long oedd yn gollwng, ond gallen nhw geisio dwyn y llong ryfel ddiweddaraf. Hen longau'r llynges oedd wedi cael eu cipio gan y criw yn ystod miwtini oedd llawer o longau môr-ladron.

Roedd angen gwaith cynnal a chadw o hyd ar hen longau hwylio. Roedd llongau'n aml yn cael eu dryllio.

Adventure Gallery

Dyma'r llong a aeth â Chapten William Kidd ar fordaith drychinebus yn 1696. Cafodd ei hadeiladu yn 1695 ar Afon Tafwys yn Deptford, ger Llundain. Roedd y llong yn 38 metr o hyd ac yn addas i'r preifatiriaid. Roedd y gwynt a hwyliau'n ei gyrru. Os oedd y gwynt yn dawel, roedd 36 rhwyf a dau neu ragor o ddynion yn tynnu pob un.

Criw o lofruddwyr oedd wedi cael eu presio i fod yn breifatiriaid oedd gan Kidd. Gorfodon nhw ef i fod yn fôr-leidr. Roedd y llong yn gollwng, ac yn y diwedd roedd rhaid i Kidd a'i griw ei gadael.

▶ Roedd angor yr *Adventure Gallery* yn pwyso bron i 1,400 kg. Dim ond capstan oedd yn gallu codi'r cebl trwm oedd wrth yr angor. Roedd rhaid i'r criw droi'r capstan i ddirwyn y cebl. Roedd canu neu gerddoriaeth ffidl yn helpu'r criw i gadw'r rhythm a'r amseru cywir.

Hwyliau a rigin

Gallai llongau â rigin sgwâr gario dros 2,000 metr sgwâr o hwyliau. Felly roedden nhw'n gallu teithio'n gyflym iawn. Roedd yr hwyliau wedi'u gwneud o gynfas cryf iawn, wedi'i wehyddu o gywarch, cotwm neu lin. Roedden nhw'n aml yn wynebu corwyntoedd cryf, felly byddai darnau ychwanegol o ddefnydd hwyliau'n cael eu gwnïo i gryfhau'r hwyliau.

▼ Llong â rigin sgwâr yw hon, am fod hwyliau sgwâr ganddi. Maen nhw'n cael eu cynnal gan groesfarrau o'r enw hwyl-lathau.

1 blaenhwyl uchaf
2 blaenhwyl
3 blaenhwyl cwrs
4 hwyl grog fewnol
5 hwyl grog allanol
6 hwyl frigalant flaen
7 brig-hwyl flaen
8 brig blaen
9 hwyl flaen
10 prif hwyl frigalant
11 prif flaenhwyl
12 prif frig
13 prif hwyl
14 hwyl frigalant ôl
15 blaenhwyl ôl
16 brig ôl
17 starn-hwyl
18 hwyl-lath

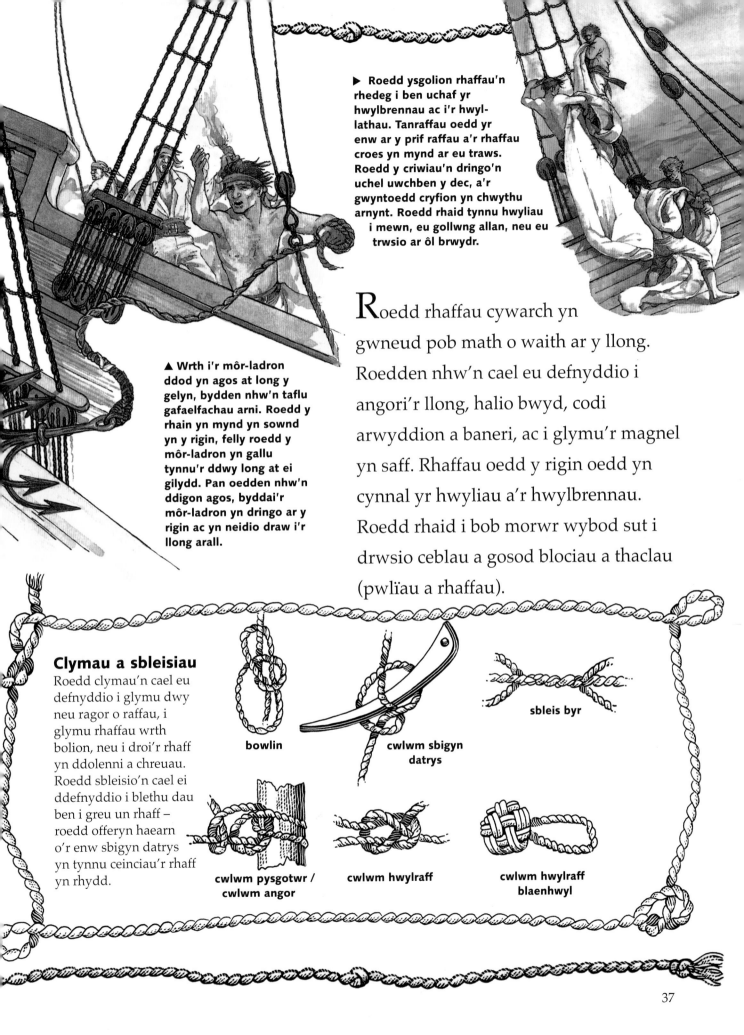

▶ Roedd ysgolion rhaffau'n rhedeg i ben uchaf yr hwylbrennau ac i'r hwyl-lathau. Tanraffau oedd yr enw ar y prif raffau a'r rhaffau croes yn mynd ar eu traws. Roedd y criwiau'n dringo'n uchel uwchben y dec, a'r gwyntoedd cryfion yn chwythu arnynt. Roedd rhaid tynnu hwyliau i mewn, eu gollwng allan, neu eu trwsio ar ôl brwydr.

▲ Wrth i'r môr-ladron ddod yn agos at long y gelyn, bydden nhw'n taflu gafaelfachau arni. Roedd y rhain yn mynd yn sownd yn y rigin, felly roedd y môr-ladron yn gallu tynnu'r ddwy long at ei gilydd. Pan oedden nhw'n ddigon agos, byddai'r môr-ladron yn dringo ar y rigin ac yn neidio draw i'r llong arall.

Roedd rhaffau cywarch yn gwneud pob math o waith ar y llong. Roedden nhw'n cael eu defnyddio i angori'r llong, halio bwyd, codi arwyddion a baneri, ac i glymu'r magnel yn saff. Rhaffau oedd y rigin oedd yn cynnal yr hwyliau a'r hwylbrennau. Roedd rhaid i bob morwr wybod sut i drwsio ceblau a gosod blociau a thaclau (pwlïau a rhaffau).

Clymau a sbleisiau

Roedd clymau'n cael eu defnyddio i glymu dwy neu ragor o raffau, i glymu rhaffau wrth bolion, neu i droi'r rhaff yn ddolenni a chreuau. Roedd sbleisio'n cael ei ddefnyddio i blethu dau ben i greu un rhaff – roedd offeryn haearn o'r enw sbigyn datrys yn tynnu ceinciau'r rhaff yn rhydd.

bowlin

cwlwm sbigyn datrys

sbleis byr

cwlwm pysgotwr / cwlwm angor

cwlwm hwylraff

cwlwm hwylraff blaenhwyl

Drwy'r oesoedd

Gali môr-ladron Groegaidd, 500 CC
Galïau â rhwyfau ac un hwyl. Roedden nhw'n llawer cyflymach na llongau masnach llawn nwyddau.

Roedd tipyn o wahaniaeth rhwng maint a chynllun llongau môr-ladron drwy'r oesoedd ac mewn gwahanol rannau o'r byd. Erbyn y 1800au, roedd llongau hwylio'n gynt nag erioed. Roedd hyn yn help i'r môr-ladron, ond hefyd i'r rhai oedd yn chwilio amdanyn nhw. Cyn hir roedd llongau ager pwerus â gynnau modern ar gael i erlid y môr-ladron.

Nef Seisnig, 1400
Roedd deciau ymladd uchel o'r enw 'cestyll' ar bob pen i'r llong môr-ladron hon.

Galiwn Seisnig, 1580
Roedd llawer o gapteiniaid llongau'r Frenhines Elisabeth I yn fôr-ladron yn ogystal â bod yn breifatiriaid.

Llong _Dutch East Indiaman_ 1700
Roedd môr-ladron a phreifatiriaid yn ymosod ar longau'n masnachu â De-ddwyrain Asia.

Gali, 1715
Galïau Seisnig yn masnachu caethweision a siwgr yn America. Roedd môr-ladron yn hoffi eu cipio.

Slŵp môr-ladron, Nassau, 1720
Slŵps cyflym o America: un hwylbren a hwyliau yn eu hyd. Delfrydol i fôr-ladron y Bahamas.

Llong ryfel Brydeinig, 1815
Roedd llongau rhyfel arfog fel hyn yn cael eu defnyddio i ymladd môr-ladron ym Môr Arabia.

Jync môr-ladron China, 1845
Jync â thri hwylbren, 25 metr o hyd, gyda llyw mawr. Roedd yn cario 30 canon.

Rhodlong, 1870
Gwnaeth longau ager lawer i helpu gwledydd Ewrop i gael gwared ar fôr-ladron yn Ne-ddwyrain Asia.

Llong Rufeinig i erlid môr-ladron, 70 CC
Rhwyflong deires, gyda thair rhes o rwyfau, i ymladd yn erbyn môr-ladron Cilicia.

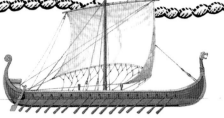

Llong hir Lychlynnaidd, 900 OC
Llong syml ond effeithiol, gyda chriw o 50 dyn. Rhwyfau hir ac un hwyl.

Dhow Arabaidd, 900 OC
Mae llongau o'r un cynllun clasurol ar y môr heddiw. 'Hwyl latîn' yw enw'r hwyl drionglog.

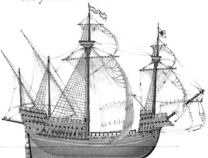

Galiwn Sbaenaidd, 1580
Llong drysor Sbaenaidd. Llawer o arfau ond yn araf mewn brwydr.

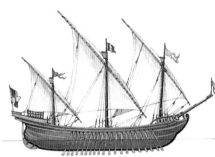

***Corsair* Barbari, 1660**
Galïau Mwslimaidd o Ogledd Affrica. Caethweision oedd yn eu rhwyfo: Cristnogion wedi'u cipio.

***Corsair* o Malta, 1660**
Roedd galïau Malta'n ymosod ar *corsairs* Barbari. Caethweision Mwslimaidd oedd yn eu rhwyfo.

Sgwner Brighwyliau, 1812
Llongau hardd â dau hwylbren. Defnyddiwyd gan breifatiriaid o America i ymosod ar longau Prydain.

Llong ynnau Brydeinig, 1900
Erbyn y 1900au, ychydig o fôr-ladron oedd yn gallu herio grym y llongau patrôl modern.

Nodyn: Nid yw'r llongau ar y dudalen hon wrth raddfa.

Daeth llongau dur ac ager yn lle llongau pren a hwyliau. Pan ddaeth radio'n gyffredin, doedd dim arfordiroedd nac ynysoedd pellennig lle gallai'r môr-ladron guddio.

Bartholomew Roberts ('Barti Ddu')

Christopher Moody

Edward Teach ('Blackbeard')

Henry Avery ('Long Ben')

John Rackham ('Calico Jack')

Thomas Tew

Christopher Condent

▲ Pwrpas baneri'r môr-ladron oedd codi ofn ar y gelyn. Roedden nhw'n aml yn dangos penglogau, cleddyfau, esgyrn croes, y diafol a chalonnau.

Blacjac a thelesgop

Roedd baneri'r môr-ladron cyntaf yn goch fel gwaed. Bydden nhw'n cael eu codi i ddangos eu bod yn barod i ladd pawb yn y frwydr. Efallai mai'r geiriau Ffrangeg *joli rouge* ('coch hardd') roddodd yr enw 'Jolly Roger' – y term Saesneg am faner môr-ladron. Yn y 1690au a'r 1700au, dyluniodd sawl capten eu baneri eu hunain. Fel arfer, roedd yno ddarlun gwyn ar gefndir du, neu goch weithiau. 'Blacjac' oedd yr enw ar y rhain.

▲ Cafodd y faner hardd hon ei chipio oddi wrth fôr-ladron o China yn 1849. Roedden nhw'n credu ei bod hi'n dod â lwc dda a môr tawel. Roedd llongau môr-ladron China'n rhannu'n grwpiau er mwyn brwydro, a baner wahanol gan bob grŵp.

Roedd rhaid i fôr-ladron gadw llygad am longau eraill drwy'r amser. Byddai un môr-leidr yn dringo i'r top canol i edrych am hwyliau ar y gorwel. Byddai'r capten yn galw gorchmynion i'r criw ar fwrdd y swyddogion os oedd rhaid newid cwrs y llong. Roedd y môr-leidr o Gymro, Hywel Davies, yn arfer defnyddio baneri i dwyllo ei elynion. Roedd e'n hedfan baner Lloegr neu Ffrainc, neu'n gorfodi llongau roedd e newydd eu trechu i hedfan baner ddu. Felly roedd llongau eraill yn meddwl bod nifer fawr o longau môr-ladron yno.

▼ Mae'r môr-leidr hwn yn cadw'r llong ar y llwybr cywir drwy droi'r olwyn lywio i symud y llyw. Mae'n cadw llygad ar y cwmpawd sydd ar flaen yr olwyn lywio.

▼ Mae ei gydforwr yn gweld baner gelyn drwy'r telesgop.

siart

cwmpawd

cwmpas mesur

ffon fôrlywio

telesgop

Dod o hyd i'r ffordd

Ystyr mordwyo yw dod o hyd i'r ffordd ar y môr. Mae nodwydd yng nghwmpawd llong sy'n symud i'r gogledd. Mae'n dangos i ba gyfeiriad mae'r llong yn hwylio. Mae siartiau'n dangos yr arfordir, banciau tywod, cerrynt a'r llanw. Mae cwmpas mesur yn cael eu defnyddio i fesur pellter ar siart. Mae telesgop yn helpu'r morwr i adnabod baner llong arall neu weld y tir.

▲ Mae ffon fôrlywio'n cael ei defnyddio i ddod o hyd i safle'r llong mewn perthynas â'r haul. Mae'r morwr yn sefyll â'i gefn at yr haul ac yn mesur y cysgod.

CRWYDRO

Sut roedd bywyd ar fwrdd llong môr-ladron? Weithiau bydden nhw'n ennill trysor, ond, rhwng brwydrau, roedd bywyd yn gallu bod yn galed ac yn ddiflas. Os nad oedd gwynt, roedd y criw'n diflasu neu'n meddwi ac ymladd. Mewn tywydd garw byddai'r criw'n wlyb ac yn oer, wedi'u cleisio, ac wedi blino'n lân.

▼ Dyma fôr-ladron ar y prif ddec wrth y gali. Mae un môr-leidr yn ymlacio â'i bib, ac un arall yn cnoi *hard tack*, bisgedi llongau. Roedd y bisgedi bron bob amser yn hen. Rhaid oedd sychu neu halltu cig ond doedd dim llawer ar gael. Roedd ieir yn cael eu cadw i ddodwy wyau ac roedd pysgod a chrwbanod y môr yn cael eu dal. Weithiau doedd dim llawer o ddŵr ffres ar ôl ar y llong. Ar ôl llongddrylliad gallai'r morwyr oedd ar ôl lwgu i farwolaeth neu ddechrau bwyta'i gilydd.

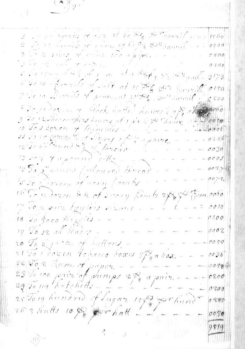

Llyfr log

Roedd cyflymdra'r llong yn cael ei fesur drwy daflu pren ynghlwm wrth ddarn o linyn dros y bwrdd a sylwi faint o linyn oedd yn dirwyn o fewn amser arbennig. Byddai'r capten yn nodi faint roedden nhw'n teithio bob dydd mewn 'llyfr log' swyddogol. Roedd hefyd yn nodi os oedd aelodau o'r criw wedi marw neu wedi cael eu cosbi.

Yn y nos, roedd y môr-ladron nad oedden nhw'n gwylio'n cysgu ar y deciau isaf gorlawn. Roedd hi'n dywyll, llaith a diflas yma. Roedd dŵr y gwaelodion yn slabran a llygod mawr ym mhobman – roedd môr-ladron China'n hoffi eu bwyta. Yn y dydd roedd haul y trofannau'n gallu llosgi'r croen. Os oedd môr-ladron yn sâl, doedd dim moddion. Os oedd coesau neu freichiau wedi'u hanafu mewn brwydr, roedd rhaid i saer y llong eu llifio heb anaesthetig. Yr unig adloniant oedd gamblo â dis neu yfed rym.

▶ Doedd môr-ladron ddim yn bwyta digon o ffrwythau ffres neu lysiau ar y môr felly roedden nhw'n aml yn dioddef o'r llwg, sef gormod o halen yn y gwaed. Yn 1753 darganfu James Lind fod bwyta ffrwythau fel leimiau'n gallu atal y clefyd. Capten Cook oedd y cyntaf i ddilyn cyngor Lind a gofalu bod ei griw'n bwyta leimiau.

43

'Ar y cownt'

Ystyr 'mynd ar y cownt' oedd mynd yn fôr-leidr. Roedd môr-ladrata'n fusnes mawr – yn fusnes treisgar ac yn torri'r gyfraith, ond wedi'i drefnu'n dda. Roedd cytundebau rhwng noddwyr a chapteiniaid y môr-ladron. Byddai'r criw'n penderfynu sut i rannu'r ysbail. Roedd rhaid dilyn rheolau arbennig, neu gallen nhw gael eu chwipio neu'u lladd.

▲ Roedd capteiniaid preifatiriaid fel William Kidd yn cael dogfennau swyddogol o'r enw 'llythyrau atrais'. Roedd y rhain yn dweud sut roedd ymosod ar longau'r gelyn heb gael eich cyhuddo o fôr-ladrata.

◀ Dyma fasnachwr cyfoethog yn gwneud cytundeb cudd â chapten môr-ladron mewn tafarn yn Efrog Newydd. Roedd hi'n costio llawer i dalu am fordaith ond roedd gobaith gwneud ffortiwn.

▶ Roedd môr-leidr oedd yn torri'r rheolau'n cael ei gosbi'n hallt. Roedd weithiau'n cael ei adael ar ynys anial. Ond roedd e'n cael ychydig o ddŵr ffres, arfau a phowdr gwn.

Talu iawndal

Roedd môr-ladron yn cytuno i ufuddhau i'r capten a dilyn ei reolau. Felly roedd disgwyl i'r capten a noddwyr y fordaith dalu môr-ladron am unrhyw anaf gawson nhw wrth ymladd. Gallen nhw gael 100 darn arian am golli bys neu lygad mewn gornest gleddyfau. Gallen nhw gael 600 darn arian am golli coes neu fraich.

Mae rheolau a chytundebau'n rhan fawr o hanes môr-ladrata. Roedd criwiau o fôr-ladron yn aml yn pleidleisio beth i'w wneud. Roedd hawl ganddyn nhw i benderfynu ar bethau, yn wahanol i forwyr arferol.

Weithiau roedd y môr-ladron yn gwneud penderfyniadau hallt. Bydden nhw'n greulon wrth swyddog llynges a arferai fod yn bennaeth arnyn nhw. Er bod sôn am 'gerdded y planc' yn aml mewn llyfrau stori, doedd hyn ddim yn digwydd yn gyson. Ond roedd carcharorion yn aml yn cael eu poenydio neu eu lladd a'u taflu i'r siarcod.

Ymladd yn fudr

Roedd arfau wedi'u dwyn fel trysor i griw o fôr-ladron. Roedd bycaniriaid y Caribî'n hoffi swagro gyda'u cleddyfau byr a'u pistolau. Roedden nhw'n ymladd â'i gilydd yn aml iawn. Unwaith saethodd 'Blackbeard' ei is-gapten, Israel Hands, o dan y bwrdd a malu padell ei ben-glin. Doedd gan fôr-ladron ddim i'w golli drwy ymladd hyd at farwolaeth. Pan gafodd Blackbeard ei gornelu, cymerodd hi bum ergyd a 20 clwyf cytlas i'w ladd.

Arfau brawychus

Dros yr oesoedd, buodd môr-ladron yn defnyddio unrhyw arfau roedden nhw'n gallu cael gafael arnyn nhw. Yn yr Oesoedd Canol, byddai môr-ladron y Sianel yn ymladd â bachau cychod a chyllyll syml. Byddai gan fôr-leidr yn y 1720au set o'r pistolau gorau. Cytlas oedd arf enwocaf y môr-ladron, cleddyf llafn byr o ddur miniog.

dagr o Ffrainc, 1410

mysged, 1700

Tân a mwg

Yn Asia ac Ewrop yn yr hen amser, roedd cymysgedd o olew a thar yn cael ei saethu at longau'r gelyn. 'Tân Groegaidd' oedd yr enw arno. Dyfeisiodd y Tseineaid bowdr gwn tua 1,000 o flynyddoedd yn ôl, ac erbyn y 1300au roedd yn cael ei ddefnyddio mewn magnelau cynnar. Roedden nhw'n aml yn ffrwydro, gan ladd y gynwyr yn lle'r gelyn. Erbyn y 1600au a'r 1700au roedd y magnelau'n llawer gwell. Roedd môr-ladron hefyd yn gwneud eu bomiau tân a'u grenadau llaw eu hunain.

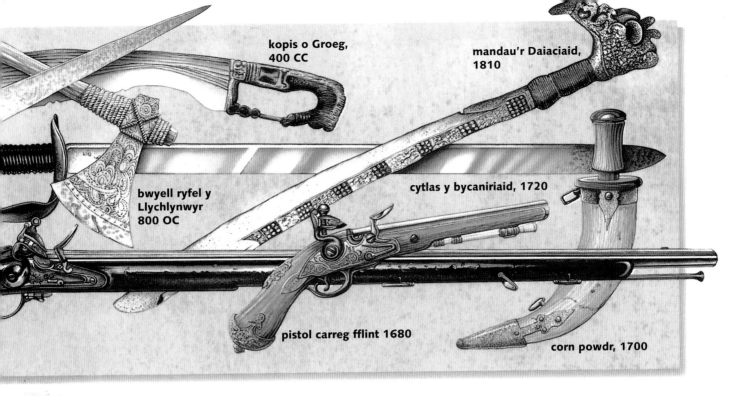

kopis o Groeg, 400 CC

mandau'r Daiaciaid, 1810

bwyell ryfel y Llychlynwyr 800 OC

cytlas y bycaniriaid, 1720

pistol carreg fflint 1680

corn powdr, 1700

◄ Roedd magnelau mawr yn cael eu gosod ar olwynion. Roedd y powdr gwn yn cael ei yrru i lawr y baril. Yna roedd rhaid llwytho'r belen a chynnau'r ffiws. Pan oedd y magnel yn tanio, roedd e'n symud tuag yn ôl yn gryf, wedi'i ddal gan raffau. Pan oedd y belen yn cyrraedd llong y gelyn, roedd hwylbrenni a cheibrennau'n cwympo i lawr. Roedd darnau mân o bren yn hedfan i bobman.

Mae llawer o reolau môr-ladron yn sôn am arfau personol. Roedd rhaid i'r môr-ladron ofalu am yr arfau, fel eu bod yn barod i'w tanio. Felly roedd rhaid glanhau mysgedau a chadw powdr gwn yn sych, beth bynnag oedd y tywydd.

Roedd mysgedau a phistolau baril hir y bycaniriaid yn y 1660au'n achosi problemau. Roedden nhw'n annibynadwy, yn anodd eu hanelu ac yn araf i'w hail-lwytho. Wrth i'r gelyn ddod yn agos, bydden nhw'n ymladd â chytlasau, dagrau a bwyeill. Bydden nhw'n ymladd yn wyllt gan gicio, taro a chnoi.

Trysor môr-ladron

Am beth roedd môr-ladron yn breuddwydio? Aur ac arian yn bennaf. Roedd ar ffurf bariau, platiau, gobledi neu groesau eglwysi, neu'n ddarnau aur neu arian. Roedd hi'n hawdd cario a gwerthu metelau drud, gemwaith ac arfau. Roedd marchnad hefyd i gargo fel siwgr neu dybaco. Roedd sbeisiau o long o'r India'n werthfawr, ond os nad oedd neb i'w prynu, rhaid oedd eu gollwng i'r môr.

▲ Roedd criwiau o fôr-ladron yn rhannu'r ysbail yn ôl eu cytundeb. Weithiau roedd yr ysbail yn werth £150,000 neu fwy – llawer o filiynau heddiw. Roedd rhai capteiniaid yn ceisio twyllo'u criw drwy hwylio i ffwrdd cyn rhannu'r trysor.

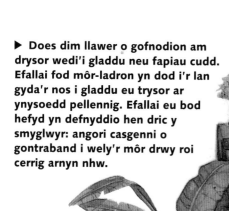

▶ Does dim llawer o gofnodion am drysor wedi'i gladdu neu fapiau cudd. Efallai fod môr-ladron yn dod i'r lan gyda'r nos i gladdu eu trysor ar ynysoedd pellennig. Efallai eu bod hefyd yn defnyddio hen dric y smyglwyr: angori casgenni o gontraband i wely'r môr drwy roi cerrig arnyn nhw.

Pisiau wyth / Pieces-of-eight

Byddai darnau arian wedi'u bathu yn Ne America'n dod yn ôl i Ewrop ar y llongau trysor. Roedden nhw'n cynnwys dwblŵns a darnau wyth-reale. *Reale* yw'r gair Sbaeneg am 'brenhinol', ond roedd y bycaniriaid yn eu galw'n *pieces-of-eight*. Cafodd y darn arian hwn ei ddefnyddio yn y Caribî am flynyddoedd.

Byddai'r môr-ladron yn dwyn popeth defnyddiol, gan gynnwys arfau, offer, cistiau moddion, baneri, rhaffau a hwyliau. Weithiau bydden nhw'n mynd â'r llong i gyd, gan orfodi'r criw i ymuno â nhw. Bydden nhw'n boddi llongau nad oedden nhw o ddefnydd. Yn y 1630au, byddai is-gapten o'r enw David Jones yn gwneud hyn. O hynny ymlaen, i 'gwpwrdd Dafydd Jôs' yr anfonwyd unrhyw beth oedd yn cael ei anfon i wely'r môr.

Trysorau cudd

Efallai na ddaeth helwyr trysor o hyd i gistiau o aur wedi'u cuddio *gan* fôr-ladron, ond maen nhw wedi darganfod trysor wedi'i guddio *rhag* môr-ladron. Roedd Rhufeiniaid cefnog ym Mhrydain yn claddu trysorau rhag y Sacsoniaid. Byddai mynachod yn claddu trysor yr eglwys rhag y Llychlynwyr. Yn Ne America, peintiodd offeiriaid allor aur yn wyn – er mwyn twyllo bycaniriaid Harri Morgan i feddwl mai un bren oedd hi.

Marwolaeth môr-leidr

Doedd môr-ladron ddim fel arfer yn byw i fwynhau eu cyfoeth. Cafodd rhai, fel y Sais Syr Henry Mainwaring, bardwn brenhinol a rhoi'r gorau i fôr-ladrata. Roedd y rhan fwyaf yn marw mewn gwledydd pell, mewn brwydrau ffyrnig. Cafodd Thomas Tew ei saethu wrth ymosod ar long y *Fateh Muhammad* yn 1695. Cafodd Thomas Anstis ei ladd yn y Caribî tua 1723, gan ei griw ei hun. Bu farw John Ward neu'r *corsair* Barbari 'Yusuf Raïs' yn Tunis, o'r pla, yn 1622. Yn aml, byddai'r rhai gyrhaeddodd adref, fel Henry Avery, yn marw heb geiniog goch y delyn.

Marwolaeth William Marsh

Roedd William de Marisco, neu Marsh, yn fôr-leidr ar ynys Lundy, ym Môr Hafren. Cafodd ei ddal yn 1242 a'i gludo i Lundain. Cafodd ei lusgo ar hyd y strydoedd, ei grogi, ei chwarteru (ei dorri'n bedwar darn) a'i losgi.

▶ Byddai torf fawr yn dod i weld môr-ladron yn cael eu crogi ger 'Execution Dock' ar afon Tafwys. Roedd y cyrff yn cael eu rhoi mewn caets haearn rhag i neb ddwyn yr esgyrn a'u llosgi. Dyma lun o gorff Kidd yn 1701.

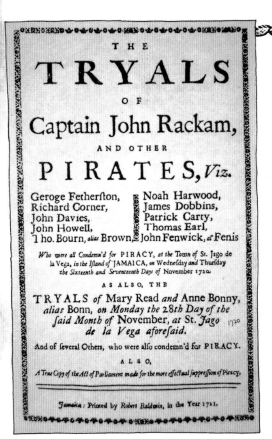

THE TRYALS OF Captain John Rackam, AND OTHER PIRATES, *Viz.*

Geroge Fetherſton,	Noah Harwood,
Richard Corner,	James Dobbins,
John Davies,	Patrick Carty,
John Howell,	Thomas Earl,
Tho. Bourn, *alias* Brown,	John Fenwick, *at* Fenis

Who were all Condemn'd for PIRACY, at the Town of St. Jago de la Vega, in the Iſland of JAMAICA, on Wedneſday and Thurſday the Sixteenth and Seventeenth Days of November 1720.

AS ALSO, THE

TRYALS of Mary Read and Anne Bonny, alias Bonn, on Monday the 28th Day of the ſaid Month of November, at St. Jago 1720 de la Vega aforeſaid.

And of ſeveral Others, who were alſo condemn'd for PIRACY.

ALSO,

A True Copy of the Act of Parliament made for the more effectual ſuppreſſion of Piracy.

Jamaica: Printed by Robert Baldwin, in the Year 1721.

▲ Roedd pawb eisiau darllen adroddiadau o achos llys John Rackham (Calico Jack), Anne Bonny a Mary Read. Yn y 1700au, byddai baledi'n cael eu hysgrifennu am fôr-ladron a'u drygioni.

O'r dechrau'n deg, roedd cyfreithiau hallt yn erbyn môr-ladrata. Byddai môr-ladron wedi'u dal yn cael eu harteithio a'u cadw'n gaethweision. Roedd y Rhufeiniaid yn hoelio môr-ladron wrth groesau. Torrwyd pen Störtebeker o'r Almaen yn Hamburg yn 1402. Yn y 1700au, roedd môr-ladron o Loegr yn cael eu crogi yn *Execution Dock* yn Llundain, a'r llanw'n cael golchi eu cyrff.

Wedyn, roedd tar yn cael ei roi drostyn nhw. Roedden nhw'n cael eu hongian mewn cadwyni'n rhybudd i bawb – dyw hi ddim yn talu i fod yn fôr-leidr.

CYFNOD CYTHRYBLUS

Roedd llawer o fôr-ladron o Ewrop wrthi'n ysbeilio rhwng y 1500au a'r 1800au. Dyma'r adeg pan oedd Ewrop yn ceisio rheoli gweddill y byd ac adeiladu ymerodraethau dramor. Roedd rhai môr-ladron yn ceisio elwa ar yr ymerodraethau newydd. Buodd eraill, fel Harri Morgan, yn helpu i'w creu.

▼ Ar 13 Tachwedd, 1809, cafodd canolfan môr-ladron yn Ra's al Khayma, yn Y Gwlff, ei dinistrio gan gyrchlu o Brydain. Cyn hir, roedd môr-ladrata o dan fygythiad dros y byd i gyd.

▲ Dyma ffotograff o fôr-ladron o China wedi'u dal ar fwrdd llong patrôl o Brydain. Buodd brwydro ar Fôr De China o'r 1840au tan y 1920au.

Erbyn canol y 1800au, roedd cyfnod y môr-ladron yn dod i ben. Prydain a rhai gwledydd arall yn Ewrop oedd yn rheoli'r rhan fwyaf o'r byd. Nhw oedd yn rheoli masnach. Roedd yr arfau a'r llongau mwyaf pwerus ganddyn nhw. Daeth diwedd ar rym môr-ladron Barbari yn y Môr Canoldir adeg Ymosodiad Algier yn 1816. Yn raddol daeth caethwasiaeth i ben. Roedd llongau rhyfel yr Iseldiroedd yn cadw llygad ar Dde-ddwyrain Asia, a'r Prydeinwyr yn ymosod ar fôr-ladron Môr De China.

▶ Yn 1840, daeth fforiwr o Brydain, James Brooke, yn rajah, neu'n rheolwr Sarawak, ar ynys Borneo. Trefnodd gyfres o ymosodiadau cas ar fôr-ladron y Daiac.

53

Môr-ladrata heddiw

Does dim hanner cymaint o fôr-ladrata ag oedd yn digwydd 300 mlynedd yn ôl. Ond dydy e ddim wedi diflannu'n llwyr, chwaith. Mae grwpiau gwleidyddol wedi herwgipio llongau, gan fygwth lladd criwiau a theithwyr os na fydd sylw i'w hachos. Mae môr-ladron yn Ne-ddwyrain Asia wedi ymosod ar longau lleol, tanceri mawr rhyngwladol a llongau nwyddau. Mae rhai wedi ymosod ar gychod hwylio moethus yn y Caribî a dwyn oddi arnynt.

▶ Mae môr-ladron yn dal i ymosod yn gyflym ac yn sydyn. Maen nhw'n defnyddio dingis cyflym a reifflau ymosod. Dim ond criwiau bach sydd ar longau mawr modern. Mae'n hawdd eu trechu nhw.

Efallai mai dwyn watsys, fideos, camerâu ac arian yn unig oddi ar y criw fydd môr-ladron modern. Neu gallan nhw herwgipio'r llong i gyd a cheisio gwerthu ei chargo.

Mae pobl bob amser wedi dwlu ar straeon am fôr-ladron. Yn y 1700au, ysgrifennwyd caneuon, dramâu a nofelau am fycaniriaid. Erbyn y 1800au a dechrau'r 1900au, roedd môr-ladron llyfrau stori'n enwocach na'r rhai go iawn. Mae pobl yn dal i chwerthin heddiw wrth weld *The Pirates of Penzance*, opera gomig gan Gilbert a Sullivan. Cafodd ei pherfformio gyntaf ar 3 Ebrill 1880, yn yr Opera Comique yn Llundain. Ond cofiwch beth oedd yn digwydd go iawn – doedd dim byd yn ddoniol am gael eich trywanu gan ddur oer cytlas neu weld penglog ac esgyrn croes y blacjac.

▶ 'Long John Silver', gyda'i goes bren a'i barot. Dyma'r prif gymeriad yn y stori môr-ladron enwocaf yn Saesneg, *Treasure Island*. Yr Albanwr Robert Louis Stevenson ysgrifennodd hi yn 1881, i'w lysfab. Mae'n sôn am fap, trysor wedi'i gladdu, a Long John Silver yn arwain miwtini ar fwrdd y *Hispaniola*.

▲ Mae'r olygfa wyllt hon yn dod o'r ffilm *Cut-throat Island* (1995). Ers y 1920au, mae Hollywood wedi gwneud ffilmiau sy'n dangos anturiaethau bycaniriaid. Ychydig o'r ffilmiau sy'n dangos môr-ladron fel roedden nhw go iawn – dynion llwglyd, creulon, treisgar ac ymladdgar.

Ffuglen am fôr-ladron

Barti Ddu gan T. Llew Jones. Argraffiad diweddaraf gan Wasg Gomer, 2003.

Trysor y Môrladron gan T. Llew Jones. Argraffiad diweddaraf gan Wasg Gomer, 2005.

Jac Jamaica gan Dafydd Parry. Argraffiad diweddaraf gan Wasg Carreg Gwalch, 2002.

Peter Pan gan J M Barrie. Cyhoeddwyd gyntaf yn 1904; cyhoeddwyd fel drama yn 1991.

Treasure Island gan R L Stevenson. Cyhoeddwyd gyntaf yn 1883.

Llyfrau ffeithiol am fôr-ladron

Môr-ladron, Cyfres Ffeil-o-ffaith Gwasg Gomer, 1997.

Eyewitness Pirate gan Richard Platt. Cyhoeddwyd Dorling Kindersley yn 1995.

Life Among the Pirates gan David Cordingly. Cyhoeddwyd gan Little Brown yn 1995.

Pirate Fact and Fiction gan David Cordingly a John Falconer. Cyhoeddwyd gan Collins & Brown yn 1992.

Pirates and Treasure gan Saviour Pirotta. Cyhoeddwyd gan Wayland yn 1995.

Ffilmiau am fôr-ladron

Cut-throat Island, 1995, gyda Geena Davies.

Hook, 1991, gyda Dustin Hoffman, Robin Williams a Julia Roberts.

Pirates of the Caribbean, 2003, gyda Johnny Depp ac Orlando Bloom

Treasure Island – the Movie, 1995, gyda'r Muppets

Mae llawer o hen ffilmiau hefyd. *Captain Blood*, 1935 yw un o'r rhai gorau, gyda Errol Flynn ac Olivia de Havilland.

Oriel y dihirod

Alwilda
(tua 500 OC)
Mae'n debyg i'r dywysoges hon o Gotland, Sweden, droi'n fôr-leidr pan geisiodd ei thad ei gorfodi i briodi. Newidiodd ei meddwl am ei darpar ŵr pan gipiodd ef hi yn ystod brwydr ar y môr.

Kanhoji Angria (marw 1729)
Kanhoji Angria oedd y cyntaf o'i deulu i arwain ymosodiadau ar longau Prydain oddi ar arfordir India yn y 1700au.

Henry Avery (*Long Ben*)
(1685 –c. 1728)
'Arch-Fôr-leidr' o Sais. Daeth yn enwog am ei ymosodiad creulon a llwyddiannus ar y llong *Gang-i-Sawai* ym Môr Arabia.

Aruj Barbarossa (marw 1518) a Kheir-ed-din Barbarossa (marw 1546)
Brodyr o wlad Groeg (Barbarossa = barf goch) Nhw sefydlodd bŵer *corsairs* Barbari yn y 1500au. Buon nhw'n ymosod ar longau Cristnogol a threfi Cristnogol o gwmpas y Môr Canoldir.

Jean Bart (1651-1702)
Mab i bysgotwr o Dunkirk. Ysbeiliwr llongau Môr y Gogledd a'r Sianel. Morwr gyda llynges yr Iseldiroedd a phreifatîr i'r Ffrancod. Dihangodd mewn cwch bach o Plymouth, Dyfnaint.

Bartolomeo *el Portugés*
(môr-leidr 1660au – 1670au)
Bycanîr o Bortiwgal. Enwog am ddianc. Un o'r cyntaf i ymsefydlu yn Jamaica. Ond yn y pen draw, bu farw mewn llongddrylliad.

Sam *Black* Bellamy
(môr-leidr 1715-1717)
Ganwyd yn Nyfnaint. Teithiodd i Benrhyn Cod, Gogledd America tua 1715. Aeth i Fflorida i chwilio am drysor Sbaenaidd ac aeth yn fôr-leidr. Cipiodd y *Whydah* yn 1717, ond bu farw pan suddodd hi mewn storm wyllt.

Stede Bonnet
(marw 1718)
Dyn canol oed parchus a benderfynodd fod yn fôr-leidr. Roedd Blackbeard yn chwerthin am ben ei wisg a'i ymddygiad. Crogwyd Bonner yn harbwr Charleston yng Ngogledd America yn 1718.

Anne Bonny
(môr-leidr yn 1719)
Gadawodd yr Wyddeles hon ei gŵr am 'Calico Jack' Rackham yn y Bahamas. Doedd merched ddim yn cael mynd ar longau môr-ladron fel arfer yn y 1700au, ond daeth yn enwog iawn. Pan grogwyd Rackham yn Jamaica, cafodd Bonny bardwn oherwydd ei bod yn feichiog.

Roche Brasiliano
(môr-leidr yn y 1670au)
Bycanîr o'r Iseldiroedd. Bu'n byw yn Brasil cyn cyrraedd Jamaica yn y 1670au. Meddwyn oedd yn enwog am ei greulondeb. Cafodd ei ethol yn gapten môr-ladron a bu'n codi ofn ar longau Sbaen.

Nicholas Brown
(marw 1726)
Grand Pirate oedd yr enw arno. Cafodd bardwn brenhinol unwaith ond aeth i ymosod eto ar longau ger Jamaica. Cafodd ei gipio gan John Drudge, un o'i ffrindiau pan oedd yn blentyn. Pan fu Brown farw o'i glwyfau, torrodd Drudge ei ben a'i biclo er mwyn hawlio gwobr.

Madame Cheng
(môr-leidr 1807-1810)
Bu'r wraig hon yn gofalu am lynges llongau môr-ladron ei gŵr ar ôl iddo farw. Roedd hi'n enwog am fod yn greulon.

Christopher Condent
(môr-leidr 1718-1720)
Môr-leidr creulon o Plymouth, Dyfnaint. Yn y Bahamas, dechreuodd ddilyn Llwybr y Môr-ladron ac ymosod ar longau masnach ger arfordir Affrica ac Arabia. Bu'n byw yn Madagascar a Mauritius cyn dychwelyd i St-Malo yn Llydaw.

Cui Apu
(marw 1851)
Môr-leidr o China. Roedd yn rheoli dros 500 o jynciau ym Môr De China yn ystod y 1800au. Daeth llongau rhyfel Prydain i roi terfyn ar ei weithgareddau.

William Dampier
(1652-1715)
Bycanîr o Wlad yr Haf. Bu'n ymladd yng Nghanolbarth America. Cafodd ei adael ar Ynysoedd Nicobar yng Nghefnfor India. Dihangodd mewn canŵ ac ysgrifennu am ei deithiau yn *Voyage around the World* (1697). Yn ddiweddarach bu'n teithio o gwmpas arfordir Awstralia.

Simon Danziger neu Dansker (*Dali Raïs* neu *Captain Devil*)

(marw 1611)

Hwyliodd y preifatîr hwn o'r Iseldiroedd o Marseilles yn Ne Ffrainc yn y 1600au. Ond aeth at *corsairs* Barbari. Cipiodd sawl llong Gristnogol a dysgu sgiliau mordwyo i'r Mwslimiaid er mwyn croesi gogledd Cefnfor yr Iwerydd. Wedyn newidiodd ochr eto – ond cafodd ei gipio a'i grogi yn Tunis.

Hywel Davies

(môr-leidr yn 1719)

Cymro a ymosododd ar longau caethweision ger arfordir Gini yn Affrica. Cafodd ei ladd mewn rhagod (*ambush*) ger ynys Principe.

Francis Drake (*c.*1540-1596)

Sais oedd yn forwr a fforiwr enwog. Yn 1578-1580 hwyliodd o amgylch y byd yn y *Golden Hind*. Bu'n fôr-leidr a phreifatîr. Cafodd ei urddo'n farchog gan y Frenhines Elizabeth I pan gyrhaeddodd adref.

Réné Duguay-Trouin

(1673-1736)

Corsair o St-Malo, Llydaw. Daeth yn enwog am ymosod ar longau Prydain. Cafodd ei wneud yn gomander llynges Ffrainc a derbyn llawer o anrhydeddau cyhoeddus.

Peter Easton

(môr-leidr 1607-1612)

Môr-leidr o Loegr oedd yn rheoli 17 llong. Bu'n ymosod ar longau o Newfoundland i Orllewin Affrica. Ar ôl ennill ffortiwn, ymgartrefodd yn ne Ffrainc a chafodd ei wneud yn ardalydd.

Edward England

(marw *c.*1720)

Efallai mai Gwyddel o'r enw Jasper Seager oedd Edward England. Bu'n hwylio gyda Barti Ddu ger Arfordir Gini, ond cafodd ei adael ar ynys Mauritius.

Eustace 'y Mynach Du'

(môr-leidr yn y 1200au)

Mynach o Fflandrys. Trodd yn herwr ac ysbeilio llongau yn y Sianel. Roedd sôn iddo wneud cytundeb â'r diafol a'i fod yn gallu gwneud i'w long fod yn anweledig. Ond cafodd ei drechu mewn brwydr ar y môr yn 1217 a thorrwyd ei ben.

John Evans

(môr-leidr yn y 1720au)

Morwr o Gymru a gyrhaeddodd Port Royal, Jamaica. Yn 1722, bu ef a'i griw yn ysbeilio arfordir Jamaica o gwch *piragua*. Cipiodd sawl llong. Cafodd Evans ei saethu mewn dadl â'i foswn ger Grand Cayman.

Alexandre Exquemelin

(môr-leidr 1660au-1690au)

Mae'n debyg i Exquemelin gael ei eni yn Normandie, Ffrainc. Llawfeddyg a aeth i'r Caribî gyda Chwmni *French West India* ac ymuno â bycaniriaid Tortuga. Yn ôl yn Ewrop, ysgrifennodd *Bucaniers of America* (1678) a dychwelyd i'r Caribî yn y 1690au.

Jean Fleury neu Florin

(marw 1527)

Un o *corsairs* cyntaf Ffrainc i ymosod ar longau trysor Sbaen. Preifatîr yng ngwasanaeth Is-iarll Dieppe.

Antonio Fuët

(môr-leidr 1660au-1690au)

Môr-leidr o Narbonne, Ffrainc. Roedd hefyd yn cael ei alw'n *Capten Moidore*. Un tro, wrth ymosod ar long, daeth y pelenni i ben ac roedd rhaid i Fuët lwytho ei fagnel â *moidores* – darn aur oedd yn cael ei ddefnyddio ym Mhortiwgal a Brazil.

Klein Hänselein ('Little Jack')

(marw 1573)

Môr-leidr o'r Almaen yn y 1570au. Bu'n ymosod ar longau ym Môr y Gogledd tan iddo ef a'i griw gael eu cipio. Torrwyd eu pennau i ffwrdd yn Hamburg.

Sir John Hawkins

(1532-1595)

Preifatîr o Plymouth yn Nyfnaint. Un o'r masnachwyr cyntaf i gludo caethweision o Orllewin Affrica i'r Caribî.

Victor Hugues

(môr-leidr yn y 1790au)

Cafodd ei eni yn Marseille, Ffrainc. Collodd ei fusnes yn Haiti pan fynnodd y caethweision gael rhyddid. Felly aeth yn fôr-leidr a gwnaeth ffortiwn wrth ysbeilio llongau'n dod o Guadeloupe.

Jan Jansz (Murad Raïs)

(môr-leidr yn y 1620au)

Preifatîr o'r Iseldiroedd. Ymunodd â *corsairs* Barbari ac yn 1627 arweiniodd longau Mwslimaidd i Wlad yr Iâ. Buon nhw'n ysbeilio a dal caethweision.

John Paul Jones

(1747-1792)

Daeth Jones o'r Alban yn arwr yn rhyfel annibyniaeth America – drwy ymosod ar longau yn nyfroedd Prydain. Cafodd ei gondemnio fel bradwr a môr-leidr. Wedyn buodd yn ôl-lyngesydd yn llynges Rwsia gan farw yn Ffrainc.

William Kidd

(c.1645-1701)
Capten llong o'r Alban a oedd yn byw yn Efrog Newydd. Cafodd gomisiwn fel preifatîr, ond dechreuodd fôr-ladrata yng Nghefnfor India a chafodd ei grogi yn Llundain yn 1701.

Y Fonesig Mary Killigrew

(môr-leidr yn y 1580au)
Roedd teulu Killgrew yn cefnogi môr-ladrata yn y dirgel yng Nghernyw. Yn 1583, cafodd llong fasnach ei gyrru mewn storm o Sbaen i Falmouth. Arweiniodd y Fonesig Killgrew ddynion ar fwrdd y llong, gan ladd y criw a dwyn y cargo. Cafodd ei dedfrydu i farwolaeth am fôr-ladrata, ond cafodd fynd yn rhydd.

Jean Lafitte

(môr-leidr yn y 1810au)
Môr-leidr o Ffrainc. Ymosododd ar longau yn y Caribî a Chefnfor India. Daeth yn giangster mawr yn New Orleans ac yna'n arwr cenedlaethol America ar ôl amddiffyn y ddinas rhag milwyr Prydain yn 1812.

François le Clerc

(môr-leidr 1553-1554)
Preifatîr o Ffrainc. Roedd ganddo goes bren, felly câi ei alw'n Jambe de Bois. Ymosododd ar longau Sbaen ger Puerto Rico a Hispaniola ac ysbeilio porthladd Santiago de Cuba ag wyth llong a 300 dyn.

Francois l'Ollonois (Jean David Nau)

(môr-leidr 1660au)
Ganwyd yn Sables d'Olonne, Ffrainc. Ef oedd un o'r bycaniriaid mwyaf creulon. Buodd mewn sawl ymosodiad cas yn y Caribî. Ond cafodd ei ddal gan Americaniaid brodorol, ei dorri'n ddarnau a'i losgi dros dân.

George Lowther

(môr-leidr 1720au)
Hwyliodd Lowther i Orllewin Affrica fel ail is-gapten ar long fasnach y Gambia Castle. Ymunodd â rhai o'r milwyr ar y bwrdd a chipio'r llong, gan newid ei enw i'r Delivery. Dechreuodd fôr-ladrata ar hyd arfordiroedd y Caribî a Gogledd America. Yn 1728 roedd ef a'i griw yn glanhau eu llong pan ddaeth ymosodiad. Efallai bod Lowther wedi ei saethu ei hun, ac arestiwyd a chrogwyd rhai o'i griw.

Henry Mainwaring

(1587-1653)

Marchog o Loegr. Roedd yn arfer erlid môr-ladron ond yna aeth yn fôr-leidr ei hun. Roedd ei ganolfan yn Morocco o 1612. Treuliodd bedair blynedd yn ymosod ar longau masnach yn y Môr Canoldir. Yna dychwelodd i Loegr a chael pardwn.

William Marsh neu de Marisco

(marw 1242)
Gelyn i'r Brenin Harri III o Loegr. Roedd William Marsh yn byw ar Ynys Lundy ym Môr Hafren. Oddi yno buodd yn ysbeilio llongau ym Môr Iwerddon a mynnu pridwerth am ei garcharorion.

Harri Morgan

(c.1635-1688)
Pan oedd yn ifanc, cafodd y bycanîr yma o Gymru ei gipio ym mhorthladd Bryste a'i gludo i Barbados. Yn y Caribî, daeth yn un o drefnwyr pwysicaf byddin y

bycaniriaid yn erbyn y Sbaenwyr. Byddai'n ymosod heb ddangos trugaredd. Cafodd ei anrhydeddu gan yr awdurdodau Prydeinig yn Jamaica cyn yfed ei hun i farwolaeth.

Grace O'Malley

(môr-leidr 1560au – 1580au)
Buodd yr uchelwraig hon o Iwerddon yn arwain ymosodiadau ar longau ger arfordir gorllewinol Iwerddon. Yn 1593 cafodd bardwn a phensiwn gan y Frenhines Elisabeth I. Wedyn ymddeolodd, a rhoi ei busnes i'w meibion.

James Plantain

(môr-leidr 1720au)
Ganwyd yn Jamaica. Roedd ei ganolfan ar Madagascar. Adeiladodd gaer ym Mae Ranter a cyhoeddodd mai ef oedd y 'brenin'. Roedd yn cadw nifer o wragedd ac mae'n debyg ei fod yn byw'n fras.

John Rackham (Calico Jack)

(marw 1720)
Daeth John Rackham ac Anne Bonny yn bartneriaid yn y Bahamas yn 1719. Crogwyd Rackham yn Jamaica yn 1720. "Petai wedi ymladd fel dyn," meddai Anne, "fyddai dim rhaid iddo fod wedi'i grogi fel ci."

Raga

(môr-leidr 1820au)
Pennaeth môr-ladron Malai yn y Straits of Makassar. Cipiodd lawer o longau Ewrop a thorri pen y criwiau. Cafodd ei ganolfan yn Kuala Batu, Sumatra, ei dinistrio gan dasglu o America.

Rahmah bin Jabr

(*c.* 1756-1826)

Môr-leidr enwocaf y Gwlff. Capten unllygeidiog a fuodd yn ysbeilio llongau am 50 mlynedd. Pan oedd yn 70 oed, wrth ymladd â holl longau Bahrain, rhoddodd y storfa powdr gwn ei hun ar dân. Chwythodd hanner y gelyn (ac ef ei hun) i'r awyr.

Sir Walter Raleigh

(1552-1618)

Aelod o lys Elizabeth. Buodd ar nifer o fordeithiau er mwyn sefydlu trefedigaeth newydd yn Virginia, Gogledd America. Pan fu farw'r Frenhines Elizabeth I, daeth tro ar fyd iddo. Yn 1616, perswadiodd Iago I i'w anfon i chwilio eto am aur. Pan ddaeth yn ôl yn waglaw, torrwyd ei ben.

Mary Read

(môr-leidr 1719-1721)

Saesnes a fyddai'n aml yn gwisgo fel dyn. Ymladdodd fel milwr yn Fflandrys ac roedd ganddi dafarn cyn hwylio i'r Caribî. Pan gipiodd Rackham a Bonny ei llong, ymunodd â'u criw. Llwyddodd Read fel Bonny i osgoi cael ei chrogi am ei bod yn disgwyl baban. Buodd farw o'r dwymyn yn Jamaica yn 1721.

Basil Ringrose

(*c.* 1653-1686)

Teithiodd y llawfeddyg yma o Loegr gyda Bartholomew Sharp a'i fycaniriaid yn 1680-1682 ac ysgrifennu am ei brofiadau. Cafodd ei ladd yn Mexico.

Bartholomew Roberts (*Barti Ddu*)

(1682-1722)

Capten môr-ladron o Gymru. Mae'n debyg iddo gipio 400 o longau oddi ar arfordir Gorllewin Affrica a'r Caribî. Ei gamp fwyaf oedd cipio'r *Sagrada Familia*, llong o Bortiwgal yn cario ffortiwn mewn darnau aur, diemwntau a nwyddau o Brazil.

Abraham Samuel

(môr-leidr 1690au)

O dras Affricanaidd ac Ewropeaidd, cyhoeddodd Abraham Samuel o Jamaica mai ef oedd 'brenin' môr-ladron Port Dauphin, ar Madagascar.

Richard Sawkins

(bu farw 1680)

Capten bycaniriaid yn y Caribî. Ymosododd ar longau Sbaen a thwyllo llynges Prydain. Ymladdodd yn Panama a chafodd ei ladd yno yn Pueblo Nuevo.

Störtebeker

(môr-leidr 1390au)

Ffurfiodd y cyn fasnachwr hwn griw o fôr-ladron o'r enw 'Ffrindiau Duw a Gelynion y Byd'. Buon nhw'n hwylio'r Mor Baltig ac yn ymosod ar ddinas Bergen, yn Norwy. Cafodd ei ddienyddio yn 1402.

Robert Surcouf

(1773-1827)

O St-Malo, Llydaw yn wreiddiol. Ymosododd y preifatîr enwog hwn yn llwyddiannus ar longau Prydain yng Nghefnfor India. Cipiodd y *Triton* yn 1795 a'r *Kent* yn 1800.

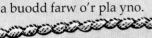

Sweyn Forkbeard

(marw 1014)

Brenin Llychlynnaidd Denmarc. Trechodd Sweyn ei dad ei hun, Harlad, a'i ladd. Arweiniodd sawl cyrch gan fôr-ladron yn erbyn Lloegr. Cafodd symiau enfawr o arian yn bridwerth am garcharorion.

Edward Teach neu Thatch (*Blackbeard*)

(marw 1718)

Môr-leidr gwyllt a'i wallt a'i farf wedi'u plethu. Buodd *Blackbeard* yn codi ofn o gwmpas arfordir Gogledd America cyn cael ei ladd mewn brwydr. Daeth pawb dros y byd i glywed amdano.

Thomas Tew

(marw 1695)

Ganwyd yn Rhode Island. Is-gapten llong o'r enw'r *Amity*. Ymosododd ar longau Mogwl yng Nghefnfor India. Gwnaeth ffortiwn ar ei fordaith gyntaf, ond cafodd ei ladd ar yr ail.

Charles Vane

(marw 1720)

Pan ddaeth Vane i New Providence yn 1718, roedd pawb yn gwybod ei fod yn fwli ymffrostgar. Buodd yn codi ofn ar longau'r Caribî ond collodd ei long mewn storm yn 1720. Cafodd ei ddwyn o flaen llys yn Spanish Town, Jamaica, a'i grogi.

Francis Verney

(1584-1615)

Penderfynodd y gŵr bonheddig yma o Loegr ymuno â'r Tyrciaid. Aeth yn *corsair* Barbari yn 23 oed. Buodd Syr Francis yn ymosod ar longau Lloegr o Algier. Cafodd ei gipio gan gali Cristnogol a'i droi'n gaethwas.

John Ward (*Yusuf Raïs*)

(*c.*1553-1622)

Capten llong o Loegr a drodd yn *corsair* Barbari. Roedd ei ganolfan yn Tunis a buodd farw o'r pla yno.

Geirfa

Mae'r enwau ar rannau llong a hwyliau ar dudalennau 34-37.

agennau llong Y bwlch rhwng dwy astell ar long bren.

archeolegydd Rhywun sy'n astudio olion hanesyddol, fel adfeilion a llongddrylliadau.

arfdy Storfa powdr gwn.

astell Darn o bren. Roedd sawl astell, estyll, yn cael eu rhoi wrth ei gilydd i wneud corff llong.

balast Unrhyw ddeunydd trwm sy'n cael ei ddefnyddio fel pwysau mewn llong, fel ei bod yn sefydlog.

blacjac Unrhyw un o'r baneri du a gwyn roedd môr-ladron yn eu defnyddio o'r 1690au ymlaen.

blacjac

blaenddelw Ffurf bren wedi'i cherfio a'i pheintio a'i gosod ar flaen llong.

bosyn Fforman criw.

bycanîr Un o'r dynion a ymgartrefodd ar ynysoedd y Caribî o'r 1630au ymlaen a dechrau môr-ladrata.

Byd Newydd Term yr Ewropeaid am wledydd America roedden nhw newydd eu darganfod.

caer (ceiri) Adeilad wedi'i godi er mwyn amddiffyn, a dryllau'n ei warchod.

caethwas Rhywun wedi colli ei ryddid er mwyn gweithio i rywun arall.

calcio Rhoi ocwm a thar ar long bren fel nad oedd yn gollwng dŵr.

canibaliaeth Bwyta pobl eraill.

capstan Peiriant dirwyn rhaff sy'n cael ei droi gan griw llong hwylio i godi'r angor.

carafel Llong hwylio fechan a thair hwylbren oedd yn cael ei defnyddio gan y Sbaenwyr a'r Portiwgeaid yn y 1400au a dechrau'r 1500au.

castell Dec ymladd uchel ar bob pen i long ryfel ganoloesol. Mae'r term Saesneg 'forecastle' (dec blaen) wedi rhoi'r Gymraeg 'ffocsl'.

celc Pentwr o drysor wedi'i guddio.

ceufad Canŵ wedi'i greu o foncyff coeden wedi'i gafnu.

cilbren Darn o bren sy'n rhedeg ar hyd gwaelod corff llong bren.

comisiwn Caniatâd i breifatîr ymosod ar longau'r gelyn.

corff llong Cragen allanol llong.

corn powdr Rhywbeth i ddal y powdr gwn i fysged.

corsair
(1) Môr-leidr neu breifatîr, yn enwedig o'r Môr Canoldir neu ogledd Ffrainc.
(2) Y llong mae corsair yn ei defnyddio.

cregyn llong Creaduriaid bach sy'n tyfu'n grystyn dros greigiau o dan y dŵr a phren llong.

crocbren Lle roedd troseddwyr yn cael eu crogi a'u dangos i'r cyhoedd.

cwmpawd Offeryn magnetig ar gyfer mordwyo. Mae'n cael ei ddefnyddio i ddod o hyd i'r gogledd.

capstan

cysgod gwynt Rhan gysgodol llong neu'r arfordir – gwrthwyneb yr ochr atwynt, yr ochr sy'n wynebu'r gwynt.

cytlas Cleddyf byr wedi datblygu o gyllyll hela'r bycaniriaid cyntaf.

penddelw

dhow Llong hwylio Arabaidd a hwyliau triongl.

dienyddio Lladd rhywun ar ôl ei gael yn euog mewn llys barn. Roedd môr-ladron yn aml yn cael eu crogi.

dwblŵn Darn aur Sbaenaidd.

dŵr y gwaelodion dŵr ffiaidd oedd yn cronni ar waelod hen longau hwylio.

gafaelfach Bachyn metel i'w ddefnyddio i gydio yn llong y gelyn a'i byrddio.

crocbren

gali (1) Unrhyw long ryfel wedi'i gyrru gan rwyfau a hwyliau. (2) Y gegin ar fwrdd llong.

galiwn Llong hwylio fawr roedd y Sbaenwyr yn ei defnyddio yn y 1500au a'r 1600au.

gafaelfach

grenâd Bom bychan i'w daflu â llaw.

Gwarediannwr Un o'r offeiriaid Cristnogol oedd yn codi arian i brynu caethweision Cristnogol yn ôl o'r Arfordir Barbari.

gwobr Llong y gelyn wedi'i chipio mewn brwydr.

gwylio Cadw llygad, bod ar wyliadwriaeth.

hafan Harbwr diogel neu fan diogel i angori.

heli Dŵr hallt y môr.

herwfilwr Bycanîr o Ffrainc yn y Caribî.

herwgipio Cipio llong neu'i chargo.

herwyr Dynion oedd yn byw heb ddilyn y gyfraith.

hwrdd rhyfel Darn pigfain ar flaen gali yn yr hen amser, i wneud twll yn llong y gelyn a'i suddo.

hwyl-lath Darn yn mynd ar draws i gynnal hwyl.

iawndal Arian sy'n cael ei dalu i wneud iawn am anaf neu golled.

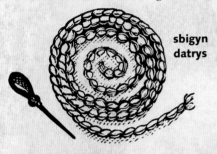

sbigyn datrys

is-gapten / mêt Yr un sy'n ail i'r capten ar long fasnach neu long môr-ladron.

'Jolly Roger' Unrhyw faner môr-ladron.

jync Llong hwylio fawr bren y Tseineaid.

lliain hwyliau Cynfas trwchus i wneud hwyliau.

llong fasnach Llong yn cario nwyddau i'w gwerthu.

pisiau wyth

llwg Clefyd ar y croen a chig y danedd oherwydd diffyg fitamin C. Roedd morwyr yn aml yn dioddef o'r llwg achos nad oedden nhw'n bwyta digon o ffrwythau a llysiau.

Llwybr y Môr-ladron Mordaith môr-ladron o Ogledd America neu'r Caribî i Orllewin Affrica a Chefnfor India, ac yn ôl.

Llychlynwyr Môr-ladron o Sgandinafia tua 1,000 o flynyddoedd yn ôl.

llyfr log Cofnod dyddiol o fordaith llong.

llythyr atrais Papurau swyddogol a oedd yn cael eu rhoi i breifatiriaid.

llyw Darn colfachog ar gefn llong, i'w llywio.

magnel Dryll mawr wedi'i osod ar olwynion.

mordwyo Dod o hyd i'r ffordd ar y môr.

môr-leidr Rhywun sy'n ymosod yn anghyfreithlon ar longau neu fannau ar yr arfordir.

mysged Dryll â baril hir, fersiwn cynnar o reiffl.

ocwm Ffibrau rhaff i'w defnyddio wrth galcio.

mysged

piragua Canŵ rhyfel oedd yn cael ei ddefnyddio gan y bycaniriaid yn y Caribî.

pisiau wyth Math o arian Sbaenaidd.

planhigfa Ystâd fawr yn cynhyrchu cnydau fel tybaco, siwgr câns neu gotwm.

polyn blaen Polyn mawr sy'n ymestyn allan o flaen llong hwylio.

prahu Cwch ysgafn, cyflym a oedd yn cael ei ddefnyddio gan fôr-ladron Dayak o Dde-ddwyrain Asia.

preifatîr (1) Person oedd â hawl gyfreithiol i ysbeilio llongau masnach y gelyn a chael rhan o'r ysbail. (2) Y llong roedd preifatîr yn ei defnyddio.

pridwerth Arian roedd rhaid ei dalu er mwyn cael carcharor yn rhydd.

rais Capten llong yn gwasanaethu *corsairs* Barbari.

rig Hwylbrennau a hwyliau llong.

rigin Y system o raffau a ddefnyddir i gynnal hwylbrennau a hwyliau llong.

rym Diod alcoholig gryf o gâns siwgr.

corn powdr

rhwyflong deires Gali a thair rhes o rwyfau. Roedd y Groegwyr a'r Rhufeiniaid yn ei defnyddio.

sbigyn datrys Offeryn metel pigfain i weithio ar raffau.

sbleisio Uno dau ddarn o raff.

sgwner Llong hwylio gyflym a dau hwylbren.

siart Map o'r cefnforoedd a'r arfordiroedd.

slŵp Llong hwylio gyflym ag un hwylbren.

smyglwr Rhywun sy'n mewnforio nwyddau'n anghyfreithlon, i osgoi talu trethi arnyn nhw.

sbeisiau

teiffŵn Storm wyllt yn y Cefnfor Tawel.

trefedigaeth (1) Gwladfa dramor. (2) Gwlad wedi'i rheoli gan un arall.

treth Arian i'w dalu i'r llywodraeth.

trysor Nwyddau gwerthfawr iawn, fel aur ac arian.

tystiolaeth Ffeithiau wedi'u rhoi o flaen llys barn yn ystod achos llys.

ymerodraeth Nifer fawr o diriogaethau wedi'u rheoli gan un llywodraeth.

Ynysoedd y Speisiau Yr hen enw am ynysoedd De-ddwyrain Asia, lle mae speisiau yn cael eu tyfu.

ysbail Nwyddau sy'n cael eu dwyn neu'u hennill drwy drais.

ysbeilio Dwyn neu gipio eitemau drwy drais.

Mynegai

A

achos llys 51
Adventure Galley 34-35, 36
Affrica 16, 22-26
angor 35
Alban, yr 12
Alwilda 56
Amity 31
Angria, teulu 28
Angria, Kanhoji, 29, 56
Anstis, Thomas 50
Arabiaid 23, 39
arfau 46, 47
archaeolegwyr 6, 7, 60
arfdy 34, 61
Avery, Henry, 30, 31, 40, 50, 56

B

Baltig, Môr 12
baneri 40-41
Barbari, Arfordir 23, 24-25
Bart, Jean 13, 56
Barti Ddu 22-23, 40, 55 (llyfr), 59
Bartolomeo 'el Portugees' 17, 56
Bellamy, Sam 6, 7, 56
blacjac 40, 60
Blackbeard *gweler* Teach, Edward
Bonnet, Stede 21, 56
Bonny, Anne 19, 56
Borneo 33, 53
Brasiliano, Roche 17, 56
brodyr Barbarossa 25, 56
Brodyr yr Arfordir, 16
Brooke, James 53
Brown, Nicholas 56
bycanîr 5, 7, 16-17,
   18, 19, 35,
   46, 60
Byd Newydd, y
   15, 61

C

caethwasiaeth 23, 60
'Calico Jack' *gweler* Rackham, John
canibaliaeth 43, 60
calcio 27, 60
capstan 34, 35, 60
carafel 14, 15, 60·

Caribî 5, 14, 16-17,
   20, 35, 46, 49, 54
Cartagena 5
Cefnfor India 23,
   26, 29, 31, 32
ceufad 17, 60
Cheng I 33
Ciliciaid 8-9, 39, 48
Clifford, Barry 7
clymau 37
Coch, Môr 26, 30, 31
Columbus, Christopher 15
Condent, Christopher 40, 56
corsair 5, 13, 15, 23, 24, 25, 60
cosbi 45
Cristnogion 24, 25, 31, 39
crocbren 50, 60
Cuba 14, 16
Cui Apu 32, 56
cwmpawd 41, 60
cwpwrdd Dafi Jones 49
Cymru 12
cytlas 46, 47, 60

D

Dampier, William 7, 56
Danziger, Simon 25, 57
Davies, Hywel 23, 41, 57
Dafi Joos, cwpwrdd 49
Dayakiaid 33, 53
Defoe, Daniel 27
Derby 28
dhow 39, 60
dienyddio 50-51, 60
dwblŵn 49, 60
Drake, Syr Francis 5, 15, 57
Duguay-Trouin, Rene 13, 57

E

East Indiaman 28, 29, 38, 48
Easton, Peter 57
England, Edward 26, 57
Eustace 'y Mynach Du' 12, 57
Evans, John 57
Esquemelin, Alexandre, 7, 57

F

Fancy 30
Fateh Muhammad 50
Fleury, Jean 14, 57
Fuuet, Antonio 57

Ff

ffilmiau 55
Ffrainc 9, 10, 16

G

gafaelfach 37, 60
gali 8, 38, 39, 60
galiwn 14, 35, 38, 39, 60
Gang-i-Sawai 30
Gilbert a Sullivan 55
Gini, Arfordir 23, 26, 31
glanhau llong 27, 60
Gogledd America 10
Gogledd, Môr y 12
Groegiaid 4, 9, 55
Grønland 10
Gwaredianwyr 25, 60
Gwlad yr Iâ 10, 25
Gwlff, y 29, 31
gwylio 43, 61

H

Hands, Israel 46
Hanslein, Klein 12, 57
'hard tack' 43
Hawnkins, Syr John 57
herwgipio 54, 60
Hispaniola 5, 16, 55
Hugues, Victor 57
hwrdd rhyfel 8, 60
hwyliau 36
hwyl-lath 36, 37, 60

I

iawndal 45, 60
Ilanun, môr-ladron 33
India 30
India, Cefnfor 23, 26, 29,
   31, 32
Iwerddon 10, 12

J

Jac Jamaica 55
Jamaica 16, 18, 19
Jansz, Jan 25, 57
Japan 33
Jones, John Paul 58
jync 38, 60

K

Kidd, William 31, 34-35, 44, 50, 58
Killigrew, Y Fonesig Mary 58

L

Lafitte, Jean 20, 58
le Clerc, François 58
Libertalia 27

Lipari, Ynysoedd 9
log, llyfr 7, 43, 61
l'Ollonois, François 17, 58
Long John Silver 55
Lowther, George 58

Ll

lliain hwylio 36, 61
llongau 34-39
llongau trysor 14-15, 49
llongddrylliad 6, 43
llong hir 11
llwg, y 43, 61
Llwybr y Môr-ladron 26, 31, 61
Llydaw 12, 13
llyfr log 7, 43, 61
llythyrau atrais 44, 61
llyw 34, 61

M

Madagascar 23, 26-27
Madame Cheng 33, 56
magnel 34, 37, 46-7, 60
Mainwaring, Henry, 50, 58
Malabar, Arfordir 29
Malta 25
Marathas 28-29
Marsh (de Marisco), William 50, 58
merched o fôr-ladron 19
Môr Canoldir 8, 9, 10
Môr Coch 26, 30, 31
Môr De China 53
mordwyo 41, 61
Môr y Gogledd 12

Misson, Capten 27
Mogyliaid 30, 31
Moody, Christopher 40
Morgan, Harri 18-19, 49, 52, 58
Mwslimiaid 24, 25, 30-31, 39
mysged 16, 46-47, 61

O

ocwm 27, 61
offer 27
O'Malley, Grace 12, 58

P

Phoeniciaid 9
Philipinas 33
piragua 17, 61
The Pirates of Penzance 55
pisiau wyth 49, 61
Plantain, James 27, 58
polyn blaen 34, 35
Portiwgal 16
Port Royal 7, 18-19
powdr gwn 34, 46, 47
prahu 33, 61
preifatîr 5, 13, 15, 19, 21, 30, 61
pridwerth 9, 25, 61
Prydain 10, 18, 21, 28, 53

Ph

Phoeniciaid 9
Philipinas 33

Q

Queen Anne's Revenge 20

R

Rackham, John 19, 40, 51, 58
Raga 58
Rahmah bin Jabr 59
rais 24, 61
Raleigh, Syr Walter 59
Read, Mary 19, 59
rig 38, 61

rigin 36-37, 61
Ringrose, Basil 7, 59
Roberts, Bartholomew 22-23, 40, 59
rym 7, 16, 61

Rh

rhaffau 37
rheolau 44, 45
Rhufeiniaid 8-9, 39, 49
rhwyflong deires 39, 61

S

Sacsoniaid 9, 49
Samuel, Abraham 27, 59
Sawkins, Richard 59
Sbaen 5, 9, 14-15, 17, 18, 24
Sbeisiau, Ynysoedd y 30, 33, 61
sbleisio 37, 61
sgwner 39, 61
Sianel, y 12, 13
siart 41, 60
slŵp 38, 61
smyglwr 48, 61
spigyn datrys 37, 61
St-Malo 13, 56, 57, 59
Störtebeker 51, 59
suddo llongau 49
Surcouf, Robert 13, 59
Sweyn Forkbeard 59

T

Teach, Edward 20, 21, 40, 46, 59
telesgop 41
Tew, Thomas 31, 40, 50, 59
Tortuga 16
Treasure Island 55
trysor 6, 7, 11, 15, 48-49, 61
Trysor y Môrladron 55
Tseineaid 32, 33, 40, 43, 46, 53
Tyrciaid 24

V

Vane, Charles 59
Verney, Francis 25, 59

W

Ward, John 50, 59
Whydah 6-7

Cydnabyddiaeth

Dymuna'r cyhoeddwyr ddiolch i'r arlunwyr canlynol
am eu cyfraniad i'r llyfr hwn:

John Batchelor t34-35, 36;
Richard Berridge (Specs Art) 29*gdd*, 33*gch & gdd*, 50-51, 53 *cdd*;
Peter Dennis (Linda Rogers Associates)
4-5, 6-7, 14-15, 16*g*, 17*g*, 18*ch*, 20-21;
Richard Draper 7*gdd*, 24*cch*, 27*gdd*, 40*t*, 41*tdd*, 43*gdd*, 46-47*t*, 48*tdd*, 49*cdd*;
Francesca D'Ottavi 42-43, 44, 45*t*, 46-47*g*, 48-49;
Christian Hook 8-9, 10-11, 12*tdd*, 13*gdd*, 41*g*, 55;
John Lawrence (Virgil Pomfret) 9*gdd*, 10*cch*, 13*tch*, 17*tdd*, 23*gch*, 26*tdd*,
29*tdd*, 31*cdd*, 32*tdd*, 37*g*, 60-61;
Angus McBride (Linden Artists) 22-23, 24*tdd*, 25*gdd*, 26-27;
Clare Melinsky 56-59;
Nicki Palin 19*g*, 28-29, 30-31, 31*tdd*, 32*g*, 33*cch*;
Shirley Tourret (G L Kearley Ltd) 12*gch*, 16*tdd*, 17*tch*, 18*dd*, 19*tdd*, 20*tch &
gdd*, 5*tch*, 26*gch*, 30*tdd*, 33*tdd*, 37*tch & tdd*, 45*gch*, 50*gch*;
Thomas Trojer 38-39;
Richard Willis (Linden Artists) 52-53.

Dyluniwyd gan **John Lawrence**.

Diolch hefyd i'r canlynol am ddarparu
deunydd ffotograffig ar gyfer y llyfr hwn:

National Maritime Museum 5, 7, 15, 24, 40 & 53
Coleg Corpus Christi, Caergrawnt 13
Swyddfa Cofnodion Cyhoeddus 2 & 44
Mary Evans Picture Library 49 & 54*g*
Peter Newark's Historical Pictures 51
The Kobal Collection 54*t*